COMO ORAR

CUANDO NO SABES QUE DECIR

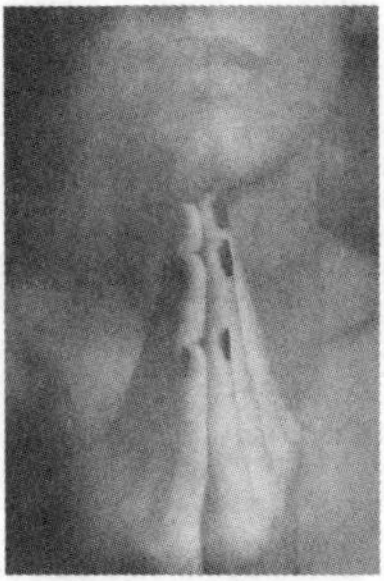

Más de cuarenta maneras de acercarse a Dios

ELMER L. TOWNS

Unilit
Sepa

Publicado por
Unilit
Medley, FL 33166

Primera edición 2011
Primera edición 2015 (Serie Favoritos)

Originalmente publicado en inglés con el título:
How to Pray When You Don't Know What to Say
por Bethany House, una división de Baker Publishing Group,
Grand Rapids, Michigan, 49516, U.S.A.

Traducción: *Adriana E. Tessore de Firpi*
Fotografía de la portada: © 2011 s.john
Usada con la autorización de Shutterstock.com

Producto 496999 • ISBN 0-7899-2189-8 • ISBN 978-0-7899-2189-5

Impreso en Colombia / *Printed in Colombia*

Categoría: Vida cristiana /Crecimiento espiritual /Oración
Category: Christian Living /Spiritual Growth /Prayer

Elogios para
Cómo orar

Mi amigo Elmer Towns escribió este libro con el propósito de enseñarnos distintas formas en las que podemos orar, y me encanta esta obra porque nos enseña a desarrollar la conducta más importante de la vida cristiana: la oración. Cada creyente debería aprender algo de este libro, porque existen muchísimas maneras diferentes de orar.

No leas este libro para aprender las diferentes técnicas de la oración, sino para desarrollar una pasión por la oración... y, luego, ora.

Dr. Yonggi Cho
Pastor de la Iglesia del Evangelio Completo de Yoido
Seúl, República de Corea

Elmer Towns era presidente del *Winnipeg Bible College* (ahora *Providence College and Theological Seminary*), cuando en 1962 me pidió que fuera el decano de los estudiantes. La universidad era una «institución de fe», lo cual significa que, en esencia, orábamos por dinero en lugar de pedirlo. Recuerdo momentos difíciles cuando no entraba dinero y teníamos que reunir al personal alrededor del buró a fin de preguntarle a cada persona cuánto dinero necesitaba imperiosamente.

Luego, dividíamos el resto (si es que lo había) del dinero que nos quedaba. Muchas veces, no recibimos un cheque de pago.

Sé que en esos momentos difíciles Elmer pasaba mucho tiempo en oración. Incluso instituyó un día de oración en la universidad en el que se suspendían las clases a fin de que todo el día se dedicara a la oración. Quizá a eso se deba que este libro sobre las muchas maneras de orar sea interesante en especial para mí. Sé muy bien a qué se refieren los capítulos que enseñan a orar en momentos de desesperación y a orar en el nombre de Jesús.

Al final, me convertí en el presidente de *Providence College*, y ahora muchos de nuestros primeros sueños se hicieron realidad. Esta institución ha llegado a ser uno de los mayores seminarios teológicos evangélicos de Canadá. Tenemos el reconocimiento provincial y ahora se nos otorgan becas por estudiantes del gobierno provincial. En la actualidad, *Providence College* es una de las sólidas instituciones evangélicas de Canadá.

Y todo se remonta a esos primeros días difíciles cuando oramos y confiamos en Dios para que hiciera el milagro.

Dr. William R. Eichhorst
Ex presidente y primer rector del *Providence College and Theological Seminary*
Otterburne, Manitoba, Canadá

Las refrescantes apelaciones, su enfoque conversacional, la revelación de las verdades sencillas y la exploración de los misterios profundos del Dr. Towns hacen que la lectura de *Cómo orar* sea de fácil comprensión, pero desafiante. Si jamás hubiera aprendido a hablar con Dios, estaría agradecida de este manual para iniciarme; pero habiendo orado por tantos años, no estoy menos agradecida por los renovados recordatorios, las afectuosas invitaciones y los conmovedores incentivos que este entusiasta instructor de la oración nos brinda para hablar con mi Señor. Como maestro de siempre, el Dr. Towns activa nuestra respuesta mediante actividades específicas para que apliquemos la enseñanza de manera personal y la llevemos a la práctica. El Señor usará este libro como respuesta al clamor del discípulo contemporáneo: «¡Enséñanos a orar!».

RVDA. SYLVIA R. EVANS
Fundadora y directora de *Creative Word Ministries*
Instructora del Instituto Bíblico Elim
Lima, Nueva York

He leído casi todos los libros escritos sobre la oración y creo que el nuevo libro de Elmer Towns, *Cómo orar*, es de seguro el mejor que se haya escrito en los últimos cincuenta años que llevo en el ministerio. Cuando entré al ministerio, leí todo lo que pude hallar sobre la vida de los grandes líderes más profundos de hace cien años. En mi opinión, Elmer Towns logró lo mismo que lograron ellos, y este libro puede catalogarse junto a los mejores libros de la oración que se escribieran jamás. Los libros más antiguos sobre la oración nos hacían profundizar, y cuando leí el capítulo de Towns sobre las «oraciones de crucifixión», creí estar leyendo un material proveniente de los primeros padres de la iglesia. Este libro también nos eleva porque abarca la experiencia completa de la adoración a Dios. ¿Y en cuanto a la amplitud? Towns también cree que las grandes respuestas a la oración pueden ampliar la perspectiva ministerial. Dicho sea de paso, me gusta tanto este libro que deseo que cada graduado de la universidad *Liberty* que pastoree una iglesia lea este libro para que se convierta en un hombre de oración. Vale la pena aclarar que ya son diez mil los graduados de la universidad *Liberty* que pastorean iglesias.

Jerry Falwell
Pastor principal de la Iglesia Bautista *Thomas Road*
Fundador y rector de la universidad *Liberty*
Lynchburg, Virginia

Elmer Towns tiene el don de la claridad. Enfoca el misterio de la oración con una elocuencia básica y transmite con generosidad su conocimiento personal de las Sagradas Escrituras. Este libro será de gran ayuda para los que luchan con tener una oración eficaz.

Fraile Peter E. Gillquist
Director de misiones y evangelización
Antiochian Orthodox Christian Archdiocese

Este libro sobre las maneras de orar es un excelente estudio para cada cristiano, pero me encanta en particular el capítulo sobre la oración en el nombre de Jesús. Antes, Elmer Towns escribió un libro devocional titulado *365 Ways to Know God* en el que la lectura diaria se enfocaba en un nombre distinto de Dios. Como sé que la oración en el nombre de Jesús da resultados, quise que todas las familias de mi iglesia leyeran este devocionario y también que los dos mil miembros leyeran el libro de Elmer para que pudieran conocer a Dios de manera más profunda y más íntima. *Cómo orar* continúa con la pasión de Elmer de hacer que las personas conozcan a Dios de manera íntima.

Gordon Godfrey
Pastor principal de la Iglesia Bautista *Marcus Pointe*
Pensacola, Florida

Conocí a Elmer Towns hace más de cincuenta años cuando era un estudiante del Instituto Bíblico Columbia. Asistimos a un culto cristiano en el que debía predicar y él tenía que dirigir el canto de la congregación como parte de una práctica. Varios estudiantes nos acompañaban también.

Cuando nos detuvimos a almorzar en un restaurante rural, noté que Elmer no pidió nada. No me había dado cuenta de que Elmer no tenía un centavo en ese entonces (solo tenía dinero para el comedor universitario), entonces comenté de manera casual: «¿Sabes? La universidad pagará esto». Elmer me respondió que oró para que Dios supliera los alimentos para esa comida y que si no respondía, ¡estaba dispuesto a pasar hambre! Creo que Elmer Towns ha tenido ese tipo de actitud a lo largo de los años. Ora por todo y se entrega en las manos de Dios. Confío en que desarrollarás esa actitud a medida que leas acerca de las diferentes formas de orar que Elmer describió en este libro.

Dr. Robertson McQuilkin
Presidente emérito de la Universidad Internacional de Columbia
Columbia, Carolina del Sur

Elmer Towns llegó al Instituto Bíblico Columbia (ahora Universidad Internacional de Columbia) después de su conversión en 1953. En esa época, la «oración del creyente» era un valor central de la universidad, y lo sigue siendo. Las lecciones que Elmer aprendió en ese lugar se evidencian en las páginas de este manuscrito. Alabo a Dios de que Elmer siga comprometido con la oración, y confío en que las diversas maneras para orar que Elmer analiza en este libro transformarán la vida de las personas, tal y como transformaron la vida de Elmer Towns en un principio.

Dr. George W. Murray
Presidente de la Universidad Internacional de Columbia
Columbia, Carolina del Sur

Elmer Towns y yo hemos enfrentado el cáncer, y Dios ha respondido las oraciones de muchas personas al darnos sanidad y restaurarnos al ministerio. Respaldo todas las técnicas de oración mencionadas en este libro; sin embargo, me gustaría que leas con sumo cuidado el capítulo sobre la sanidad. Si conoces a alguien enfermo, esa persona necesita seguir los principios de este capítulo. Si tienes el llamado a orar por algún enfermo, pídele a Dios que le conceda a esa persona una oración de fe que sane al enfermo. Creo que este capítulo estimulará tu fe a fin de que puedas confiar en Dios por los milagros de sanidad.

Wendell Smith
Pastor principal de la iglesia *The City*
Kirkland, Washington

Hace diez años que Elmer Towns y yo somos amigos y es la clase de persona con la que hasta a mis hijos les encanta estar. Me agradó desde el primer momento en que lo conocí porque me dijo: «¿Podrías orar por mí para que sea más piadoso?». Pocas personas me han pedido eso, mucho menos un experto en crecimiento de iglesia de talla mundial, decano de la universidad *Liberty* y confidente de los principales ministerios del Cuerpo de Cristo. Creo que las distintas maneras de orar analizadas en este libro brotan del corazón de uno que busca de verdad a Dios. A medida que leas cada capítulo, mira detrás de los métodos y las técnicas de la oración; céntrate en la persona del mismo Dios. Ve en busca del Señor mientras oras, y lo encontrarás. Dios permita que este libro transforme tu vida al darte la pasión por conocer a Cristo y darlo a conocer.

Tommy Tenney
GodChasers Network
Pineville, Louisiana

Hace treinta y cinco años que Elmer Towns es amigo mío. Juntos hemos reído, estudiado y, por supuesto, orado. Me parece que es natural que en su mente analítica surgieran tantas formas distintas de orar. Me encanta este libro porque en el análisis final demuestra que lo importante no es *cómo* oras, sino *por* lo que oras. Animo a todos a que lean este libro y practiquen los principios de la oración de modo que Dios pueda usarlo para hacer un gran impacto para la causa de Cristo.

C. PETER WAGNER
Rector del Instituto de Liderazgo Wagner
Colorado Springs, Colorado

contenido

primera parte:
La conexión con Dios

Sigue el modelo del Padrenuestro y establece
un tiempo de oración con Dios

segunda parte:
interferencias en la línea

Lecturas devocionales sobre cómo orar en todas las circunstancias

Tercera parte:
una mejor conexión

Cómo desarrollamos y profundizamos nuestra relación con el Padre celestial

introducción

Todavía recuerdo la emoción que experimenté cuando mi hijo dijo «papá» por primera vez. Hubo algo en esas palabras que me impactó, quizá porque me di cuenta de que mi hijo me reconocía como su padre y trataba de comunicarse conmigo. Creo que esto es lo que cada padre siente cuando escucha a su hijo pronunciar estas simples palabras.

Lo mismo sucede con nuestro Padre celestial. Cuando vamos a Él en oración, solo hablando como lo haría un hijo con su padre, se conmueve el corazón de nuestro Padre celestial.

Y así como existen muchas maneras en que un hijo le habla a un padre, existen muchas maneras en que podemos hablar con Dios. Por ejemplo, cuando mi hijo tuvo la edad suficiente como para darse cuenta de que hizo algo malo, me decía: «Papá, lo siento». Esto representa nuestras *oraciones de quebranto*: reconocemos que pecamos y le pedimos al Padre que nos perdone. Cuando mi hijo tenía una pesadilla, gritaba: «¡Papá, tengo miedo!». Esto representa nuestras *oraciones de desesperación*: nos damos cuenta de que necesitamos el cuidado y el consuelo de Dios y clamamos a Él por ayuda. Cuando mi hijo era ya un poco mayor, a menudo me decía: «Papá, necesito cinco dólares». Este tipo de petición representa nuestras *oraciones de petición*. Y, por supuesto, hay muchas otras pequeñas cosas de las que hablan los hijos que reflejan oraciones menores (o *detalles triviales*).

Por todas estas formas diferentes de acercarnos a Dios en oración, existen aun muchos más modos de expresar nuestras oraciones. Por ejemplo, en una *oración solitaria* nos acercamos a Dios cara a cara con nuestras peticiones. Cuando nos involucramos en *oraciones de compañerismo*, nos unimos a otra persona para disfrutar juntos de un tiempo en la presencia de Dios. Durante la *oración de comunión*, nos empapamos de la presencia de Dios; mientras que en la *oración de adoración* glorificamos y exaltamos al Señor con alabanzas. Además, en momentos específicos de nuestra vida, quizá elevemos *oraciones de fe* cuando estamos seguros por completo de que Dios responderá, o tal vez nos enfrasquemos en *oraciones de guerra* mientras peleamos contra la tentación, la adicción o el ataque demoníaco.

Aprender a hablar con Dios es tan sencillo como cuando un bebé aprende a decir «mamá» o «papá». Para los que nunca han orado, el primer capítulo de este libro, «Una oración inicial», les será de gran ayuda a medida que procuran deleitar el corazón del Padre. Los demás capítulos analizan las diferentes maneras y métodos en los que nos acercamos a Dios en oración. Cada capítulo incluye al final una sección llamada «Tu tarea» que propone algunas ideas para poner en práctica lo que acabas de leer. Espero que por medio de estos ejercicios, puedas experimentar nuevas y alentadoras formas de acercarte a Dios en oración y así puedas tener el deseo de conectarte con Dios en una relación más profunda y significativa, porque cuando verdaderamente nos conectamos con Dios en oración, es cuando le permitimos que nos revele su voluntad para nuestra vida.

Elmer Towns
Otoño de 2005

1

primera parte:
La conexión con Dios

Sigue el modelo del Padrenuestro y establece un tiempo de oración con Dios

La oración es solo una relación con Dios. En esta sección, analizaremos algunos de los principios básicos de la oración, comenzando con «una oración inicial» y siguiendo con un modelo de oración basado en el ejemplo que Cristo les dio a sus discípulos: el Padrenuestro. Abarcaremos algunas de las funciones principales de la oración, incluyendo el establecimiento de la intimidad con Dios, la realización de peticiones al Señor, la búsqueda del arrepentimiento y la liberación, y el ofrecimiento de alabanza y adoración a nuestro Padre celestial. Esta sección concluirá con algunos aspectos prácticos de la oración, tales como el establecimiento de un tiempo y lugar para la oración, la variación de postura en la oración y la oración con otros.

CAPÍTULO UNO

una oración inicial

Tu Padre sabe exactamente lo que necesitas antes que se lo pidas. Ora más o menos así.
MATEO 6:8-9, *LBD*

Una vez escuché a un adolescente que comenzó una oración diciendo: «¡Hola, Dios!». Pensé que, si bien el joven fue de seguro sincero, su oración era inapropiada. Sin embargo, a medida que meditaba en esto, me di cuenta de que no era cuestión mía pedir la conveniencia. ¿Ese no era el verdadero problema? ¿Qué piensa *Dios* acerca de la oración de este joven? O, en realidad, ¿qué piensa Él respecto a cualquiera de nuestras oraciones?

LA ACTITUD ADECUADA

Algunos creen que cuando oramos debemos hacerlo con reverencia: cerrando los ojos, inclinando la cabeza y usando el lenguaje apropiado. Otros opinan que debemos acercarnos a Dios en un tono más informal, como si estuviéramos con un amigo en una cafetería.

Ambos enfoques consideran lo que le *decimos* a Dios, cómo nos *dirigimos* a Él y nuestro *estilo*, ya sea formal o informal. El asunto principal, sin embargo, tiene que ver con nuestra *relación* con Dios. ¿Acaso no dijo Pablo que debemos llamarlo «¡Papá!» (Romanos 8:15, *TLA*)? Para mí, eso indica *relación*.

La visión que tenemos de nuestra relación con Dios influye en la manera de acercarnos a Él. En el Nuevo Testamento, la palabra griega que más se utiliza para la «oración» es *proseújomai*. Esta palabra se deriva de *pros*, que significa «hacia», y de *eujomai*, que significa «el rostro». Por lo tanto, orar quiere decir acercarse a Dios cara a cara. Observa a dos personas enamoradas. Se sentarán durante horas y se mirarán el uno al otro a los ojos de manera profunda. Observa cómo una madre mira con fijeza a los ojos a su bebé. Su mirada atenta y tierna expresa el amor que siente por ese hijo. De eso se trata la oración. Es una relación de amor.

Cuando nos acercamos a Dios en oración, necesitamos darnos cuenta de que Él nos ha invitado a su presencia. Piensa en cuando alguien nos invita a su casa. Su trato con nosotros revela lo que siente por nosotros. Si la persona nos hace pasar al comedor y nos sirve algo de comer, podemos suponer que tiene buenos sentimientos hacia nosotros o que, al menos, quiere causarnos una buena impresión. Por otro lado, si la persona nos lleva a la sala para ver televisión, o a la cocina y nos convida algo de comer, podemos suponer que quiere entablar una amistad. Si después de comer y ver una película, esa persona nos aloja en el cuarto de huéspedes, el vínculo es aun más fuerte.

Cuando Dios nos invita a su presencia, da un paso más: nos conduce a su corazón. Por lo tanto, la clave para acercarse a Dios es encontrar su corazón. La oración no se trata de palabras ni de intentar persuadir a Dios para que haga algo a nuestro favor, sino que es más bien una relación de amor con el Creador. Uno de los fundadores de la iglesia resumió mejor esta idea cuando dijo que el que sabe orar, sabe amar.

Ideas confusas en cuanto a la oración

A menudo escucho a la gente decir: «No puedo orar». Parece que no saben por dónde empezar ni qué decirle a Dios. Bueno, el asunto es que no debemos enfocarnos en lo que *no podemos* hacer, sino en lo que *sí podemos* hacer. Si todo lo que podemos decir es «Dios», comencemos por ahí. Si nos sale recitar el Salmo 23: «El Señor es mi pastor», empecemos así. En realidad, ni siquiera es necesario decir algo. Con solo entrar a la presencia de Dios, ya estamos orando.

Algunos de nosotros pensamos que antes de orar, cada cosa en nuestra vida debe estar en el lugar *apropiado*. Sin embargo, las cosas no resultan así. Considera la historia del ladrón que estaba muriendo en la cruz al lado de Jesús. Lo único que sabía era que Cristo era el Señor. Así que sus únicas palabras fueron: «Jesús, acuérdate de mí cuando vengas en tu reino» (Lucas 23:42). Lo que importa no son las palabras, sino la disposición de abrir nuestro corazón a Dios.

Algunos de nosotros no oramos porque sentimos que no hemos dominado el mecanismo de la oración. Es como esas personas que se niegan a aprender a usar una computadora porque creen que es demasiado complicado. Incluso les da miedo tocar el teclado. Este temor les impide comunicarse con otros vía correo electrónico, realizar búsquedas en *Google*, ponerse al día con las noticias o hacer alguna de las miles de actividades que una computadora puede ayudarnos a realizar. Viven en un mundo limitado porque hay barreras mentales que no logran superar. Lo mismo sucede con la oración. Necesitamos dejar de lado la ansiedad y proponernos aprender a hablar con Dios.

A algunos de nosotros nos preocupa que, cuando oramos, nuestros motivos no sean los adecuados. Tenemos miedo de ser egoístas... de estar distraídos... o de no sentirnos en sintonía con Dios. ¿No es todo esto algo tonto? Es como un hombre que se cae al agua y teme pedir ayuda. No deberíamos dejar que estas preocupaciones nos impidan buscar a Dios. Deberíamos acercarnos al Padre así como un niño se acerca a su papá. Los niños van con deseos egoístas y las peticiones más absurdas, pero se acercan. Eso es lo importante: acercarse.

¡No esperes!

Si para acercarnos a Dios esperamos hasta tener las palabras justas, quizá nunca lo hagamos. Si esperamos hasta sentir que tenemos los motivos apropiados, quizá nunca nos acerquemos. Si esperamos hasta sentir que somos lo bastante «buenos», nunca nos acercaremos (somos humanos y siempre hay algo que no está en su lugar). Debemos acercarnos al Padre tal cual somos.

Piensa por un momento en el niño que le trae a su madre unos dientes de león. La mamá no mira el regalo que le trajo su hijo y dice: «¿Y estas malas hierbas?». No, sino que los recibe como si fueran rosas porque sabe que lo hizo con amor. Cuando el niño le trae un dibujo que pintó con un lápiz de color amarillo, la madre no le dice: «¿Qué se supone que es este garabato?». No, ve cuánto la ama su hijo y lo acepta como si fuera una obra maestra.

Entonces, ¿cómo empezamos a orar? Muy simple: Empezamos allí mismo donde estamos. No tenemos que ir a la iglesia. No tenemos que encontrar un lugar tranquilo. Tampoco hace falta alejarnos de la gente. Podemos orar en cualquier lugar, ¡incluso en *Times Square* en vísperas del año nuevo!

Quizá nunca hayamos orado antes. Dios dice: «Vengan conmigo, queridos niños» (Salmo 34:11, TLA). Tal vez el pecado nos ha derrotado y no tenemos ganas de orar. Jesús dice: «Vengan a mí todos ustedes que están cansados y agobiados, y yo les daré descanso» (Mateo 11:28). O puede ser que hayamos abandonado la costumbre de orar. Recuerda la historia del hijo pródigo. Él dijo: «Volveré a mi casa» (Lucas 15:18, TLA). ¿Por qué no hacemos lo mismo que el hijo pródigo? Encontraremos los brazos del Padre abiertos y listos para recibirnos.

Así como un niño sabe qué decir cuando obtiene la atención de su padre terrenal, nosotros sabemos cómo orar una vez que llamamos «Padre» a Dios. Solo necesitamos abrir el corazón y dejar que fluya. Dios nos ama y esperará con paciencia hasta que le revelemos lo que hay en nuestro interior. Él escuchará. ¡La actitud adecuada para acercarnos a Dios es tan solo acercarnos!

TU TAREA

Habla con Dios ahora. Antes de dar vuelta esta página o de cerrar el libro, ora al Padre celestial. Si no sabes qué decir, comienza así: «Señor, vengo a ti, pero no sé qué decir. Te pido que me ayudes. Muéstrame cómo orar». Si sientes que no eres digno de entrar a la presencia de Dios, díselo también: «Señor, sé que no soy digno de entrar a tu presencia. Por favor, perdona mis pecados. Gracias».

Asegúrate de ser un hijo de Dios. Quizá no tengas ganas de hablar con Dios porque te preocupa no ser su hijo. Por eso, veamos esta lista que te ayudará a definir tu relación con Dios:

- ❑ *Reconoce que Dios te ama y que tiene planes maravillosos para tu vida.* ¿Has pensado en lo mucho que Dios te ama? Este es el comienzo. La Biblia dice: «Porque de tal manera amó Dios al mundo [eso te incluye a ti], que ha dado a su Hijo unigénito» (Juan 3:16, *RV-60*).

- ❑ *Reconoce que tus pecados te separan de Dios.* El pecado es solo desobedecer lo que nos dice la Biblia que hagamos. ¿Hay pecado en tu vida?

- ❑ *Reconoce que Jesús es el regalo de Dios y que Él recibió el castigo por tus pecados.* La historia de la muerte de Jesús es muy conocida, ¿pero crees que la muerte de Jesús en la cruz fue el precio que Él pagó por tus pecados? «Dios nos demostró su gran amor al enviar a Jesucristo a morir por nosotros» (Romanos 5:8, *TLA*).

- ❑ *¡Acepta el regalo de Dios!* Cuando crees en Jesucristo, aceptas el perdón de Dios por tus pecados y recibes la vida eterna (lee Juan 1:12; Romanos 10:9). ¿Has tomado esta decisión? Si no, haz ahora esta oración:

Querido Señor Jesús, sé que soy pecador.
Creo que moriste en la cruz por mis pecados y resucitaste de la tumba. Me arrepiento de mis pecados y te invito a que vengas a mi corazón y a mi vida.
Te recibo como mi Salvador personal.
Quiero seguirte como mi Señor. Amén.

CAPÍTULO DOS

Nuestro modelo para la oración

Señor, enséñanos a orar, así como Juan enseñó a sus discípulos.
Lucas 11:1

Como dije, orar es solo hablar cara a cara con Dios. Sin embargo, una vez que nos iniciemos en la rutina de hablar con Dios, de seguro que descubriremos muchas formas de expresarle nuestras inquietudes a Dios y muchos motivos diferentes para orar. En los próximos capítulos analizaremos algunos de estos aspectos de la oración. En primer lugar, consideraremos un modelo de oración... una oración conocida hoy en día como «El Padrenuestro», la cual nos la dio Jesús mientras estaba en la tierra:

Padre nuestro que estás en los cielos, santificado
sea tu nombre. Venga tu reino. Hágase tu voluntad,
como en el cielo, así también en la tierra.
El pan nuestro de cada día, dánoslo hoy.
Y perdónanos nuestras deudas, como también nosotros
perdonamos a nuestros deudores. Y no nos metas en
tentación, mas líbranos del mal; porque tuyo es el reino,
y el poder, y la gloria, por todos los siglos.
Amén
(Mateo 6:9-13, RV-60).

¿Por qué analizamos el Padrenuestro? Bueno, supongamos que solo tenemos un minuto para hablar con el Señor Dios del cielo. (Desde luego, esto nunca va a suceder, ya que no hay un tiempo límite para hablar con Dios; pero acompáñame en el razonamiento por unos momentos). ¿Qué le diríamos a Dios en ese minuto? ¿Qué expresiones utilizaríamos? ¿Cómo estaríamos seguros de que le presentamos nuestras necesidades a Dios sin dejar de darle gracias?

El Padrenuestro nos permite expresar en un minuto todo lo que necesitamos decirle a Dios. Con estas simples palabras, tenemos la seguridad de que reconocemos a Dios con respeto, le comunicamos nuestras necesidades y le expresamos nuestra gratitud. Cuando repetimos el Padrenuestro, nada queda fuera. Es la oración más completa y detallada que hemos recibido. Echemos un vistazo a algunos de los componentes del Padrenuestro para ver por qué esta oración es tan eficaz.

Introducción: Nos dirigimos a Dios como nuestro Padre

El Padrenuestro comienza con la frase: «Padre nuestro». Sí, Dios es *Dios* y también el *Señor*. Sin embargo, Jesús declara que también debemos reconocer a Dios como nuestro Padre celestial. En otras palabras, Jesús nos invita a tener una relación íntima con Dios.

Desde luego, antes de dirigirnos a Dios como nuestro Padre, primero tenemos que ser hijos de Dios. En cierta ocasión caminaba por un entablado al lado de la playa Myrtle, en Carolina del Sur, cuando sentí un tirón en mi bolsillo derecho. Al mirar hacia abajo, vi a un niño que señalaba un esponjoso algodón de azúcar rosado que giraba dentro de una máquina en una tienda.

—Quiero uno —suplicó el pequeño.

Mi primera reacción fue comprarle la golosina al niño porque recordé mi infancia cuando no tenía ni una moneda de cinco centavos para comprar un bocadillo. Aun así, como no era el padre del niño, me di cuenta de que no me correspondía hacerlo.

—Por favor... por favor —suplicaba el niño.

—Lo siento —le dije— no puedo...

Sin embargo, antes de que terminara la oración, el padre del niño se dio cuenta de lo que sucedía y se acercó y le compró un algodón de azúcar a su hijo.

El problema era que el niño no tiraba del bolsillo de su padre. Dios desea que cada uno de nosotros lo reconozcamos como nuestro Padre espiritual. Quiere que tironeemos de su bolsillo y le pidamos lo que hay en nuestro corazón porque Él se deleita en darnos lo que pedimos.

Las peticiones de «tú»: La oración para la gloria de Dios

Después que Jesús instruyera a sus discípulos a orar dirigiéndose a Dios como su Padre, propuso tres clases de peticiones que muestran reverencia y respeto a Dios. Las llamo peticiones de «tú» (según el lenguaje de la Biblia Reina Valera 1960) porque se dirigen hacia Dios. Echemos un vistazo a estas tres peticiones:

Padre nuestro que estás en los cielos...
1. Santificado sea «tu» nombre
2. Venga «tu» reino
3. Hágase «tu» voluntad
   ... como en el cielo, así también en la tierra.

Cuando hacemos la primera petición: «Santificado sea tu nombre», pedimos que se reverencie el nombre de Dios en la tierra, que su nombre en la tierra se considere santo así como lo es en el cielo. Por supuesto, esto es algo que nunca se responderá por completo, pues algunas personas siempre rechazarán a Dios y se negarán a creer en Él. Sin embargo, cuando decimos que queremos que se reverencie el nombre de Dios, le expresamos nuestra adoración al Señor. Así como los seres vivientes cantaron «Santo, santo, santo» (Apocalipsis 4:8), nuestro corazón debería clamar: «¡Santo sea el nombre del Padre!».

La segunda petición: «Venga tu reino», expresa el deseo de que Dios guíe y controle nuestra vida. ¿Cuál es la función de Dios en su reino? Gobernar por sobre todas las cosas. Así que, al repetir esta frase, manifestamos que queremos ver el reino de Dios gobernar la tierra como gobierna los cielos. Dicho de otra manera, le decimos a Dios que cada día nuestra vida se someterá a su gobierno en la tierra, así como Él gobierna en el cielo.

Al hacer la tercera petición: «Hágase tu voluntad», estamos entregando (o rindiendo) nuestra vida al Señor en ese día. ¿Por qué? Porque Dios *cada* día tiene un plan para nuestra vida.

Mientras estuve en la universidad, en el verano trabajaba en un campamento cerca de Ashville, Carolina del Norte. Muy tarde en la noche, cuando todos los demás se habían ido a dormir, me quedaba despierto limpiando el piso del comedor. Una noche, me detuve frente a un cartel que decía: «Dios tiene un plan para tu vida». Me reí entre dientes y me pregunté si el plan de Dios para mi vida sería que me quedara despierto trabajando para los demás. Pensé en el «plan de Dios» como algo distante en el futuro, después que me graduara de la universidad. Sin embargo, unos minutos más tarde reflexioné: Dios tenía un plan para *ese* día. Mi tarea era limpiar el piso. Así que incliné mi rostro sobre la punta del palo del trapeador y rendí ese día y esa tarea a Dios.

«Hágase tu voluntad». Debemos entregar a Dios cada día y cada cosa que hacemos.

La dependencia: La oración por las necesidades físicas

La cuarta petición, la «dependencia», es la única en el Padrenuestro en la que intercedemos por nuestras necesidades físicas:

> 4. El pan nuestro de cada día,
> dánoslo hoy.

Es evidente que cuando le pedimos a Dios «pan», nos referimos a algo más que un alimento blanco con una etiqueta. «Pan» es una palabra simbólica que representa todas nuestras necesidades diarias. Cuando le pedimos a Dios nuestro pan diario, podemos hacer alusión a un trabajo, un auto para ir a trabajar, dinero para pagar las cuentas y hasta sanidad personal.

Jesús empleó la palabra «pan» porque el hambre es una de las necesidades básicas. Dios nos dio apetito (o hambre) a fin de que podamos comer y, de este modo, obtener fuerzas. Si no nos alimentamos, no podemos trabajar, cuidar de nuestros hijos, ni realizar cualquiera de las actividades que nos gusta hacer todos los días. La comida es algo tan esencial que no hay nada que podamos hacer sin nuestro «pan». Por lo tanto, cuando oramos por el pan de cada día, le pedimos a Dios que supla las cosas básicas en nuestra vida, a la vez que reconocemos nuestra completa dependencia de Él para suplir esas necesidades.

Hay dos cosas importantes a tener en cuenta en esta petición. Primero, cuando pedimos pan, pedimos algo que está hecho *aquí en la tierra*. No le suplicamos a Dios que realice un milagro al enviarnos maná del cielo, ni esperamos que las cosas salgan como de una máquina expendedora, en las que insertamos algunas monedas y sale una bebida o un paquete de maníes. Al pedir pan, reconocemos los principios de Dios para suplir nuestro pan diario: se siembra la semilla de trigo, se cosecha y se hornea en forma de pan que después compramos en un supermercado. Reconocemos que Dios es la fuente de todo bien y que su voluntad para nuestra vida es que tengamos fuerzas para servirle cada día. Algunos nos harían pensar que a Dios podemos exigirle las cosas: «¡Dilo y reclámalo!», dicen. Sin embargo, Dios no actúa como una máquina expendedora.

Segundo, cuando le pedimos pan, le rogamos que *cada día* provea para nuestras necesidades. El cuerpo tiene necesidades diarias, así que debemos orar cada día por las necesidades particulares de ese día. Cuando oramos: «El pan nuestro de cada día, dánoslo hoy», invitamos a Dios para que participe de la lucha diaria por la subsistencia. Es posible que le pidamos un trabajo para ganar dinero y sostener a una familia, o sabiduría para manejar una situación difícil, o quizá solo paz. La base de la oración es una relación con Dios. El Señor quiere que vayamos a Él, que tironeemos del bolsillo y que intercedamos por las necesidades que cada día hay en nuestro corazón. Por lo tanto, cuando Dios nos conceda el pan diario, necesitamos darnos cuenta que viene de Él y que debe ser un medio para glorificar su nombre: «En conclusión, ya sea que coman o beban o hagan cualquier otra cosa, háganlo todo para la gloria de Dios» (1 Corintios 10:31).

Todo esto trae a colación una pregunta importante: ¿Cuánto deberíamos pedir cuando oramos para que Dios supla nuestro pan diario? Si podemos orar por pan, ¿también podemos orar por alguna tarta o torta... o quizá hasta por un par de rosquillas? Bueno, no hay duda de que podemos orar por nuestras necesidades, pero la Escritura en ningún lado nos dice que oremos por lujos.

Es más, Proverbios 30:8 afirma: «Vanidad y palabra mentirosa aparta de mí; no me des pobreza ni riquezas; mantenme del pan necesario» (*RV-60*). ¿Cuál es el pan «necesario»? Es similar a la comida que compramos en la tienda. Uno no va a la tienda para hacer la compra de la semana. Pasamos cuando vamos de camino a casa y compramos lo que necesitamos para ese día. Pedirle a Dios el pan diario significa pedirle que nos dé lo suficiente para vivir ese día.

¿Por qué deberíamos pedir pan todos los días? «No sea que me sacie, y te niegue y diga: ¿Quién es Jehová? O que siendo pobre hurte, y blasfeme el nombre de mi Dios» (Proverbios 30:9, *RV-60*). Si tenemos demasiado pan, nos olvidamos de depender cada día de Dios. Si tenemos muy poco, es probable que sintamos la tentación de robar y quebrantar los mandamientos de Dios. Necesitamos lo suficiente como para satisfacer nuestras necesidades de día a día.

Las peticiones de «nosotros»: La oración por nuestra vida espiritual

Las tres últimas peticiones del Padrenuestro las llamo peticiones de «nosotros» debido a que lidian con nuestra vida espiritual. Estas tres peticiones incluyen todos los aspectos de la vida cristiana:

El pan nuestro de cada día, dánoslo hoy. Y...

5. Perdónanos nuestras deudas
6. No nos metas en tentación
7. Líbranos del mal

La quinta petición es un ruego por el perdón de Dios: «Perdónanos nuestras deudas, como también nosotros perdonamos a nuestros deudores». Al igual que pedimos pan, la petición por el perdón de Dios es una actividad diaria: cada día reconocemos que nos hemos desviado de las normas de Dios y que hemos pecado contra Él.

En realidad, el asunto en esta petición no son esos pecados que nos arrojan «al infierno». Esta no es una oración pidiendo salvación (aunque de seguro muchos han encontrado a Cristo en una oración de confesión), sino una oración pidiendo que nuestra relación con Dios siga adelante. Todos nuestros pecados fueron perdonados cuando Cristo murió por nosotros (lee Juan 1:29). En esta petición, le rogamos a Dios que nos restituya el compañerismo con Él, al igual que nosotros perdonamos lo que nos deben otros y los restauramos a nuestro compañerismo. Por lo tanto, esta petición abarca más que el perdón; nos enseña a cómo vivir con otros.

La sexta petición: «No nos metas en tentación», reclama la victoria de Dios sobre el pecado, el pecado que acabamos de pedir que nos perdone. Fíjense que no le pedimos al Padre que no nos tiente porque «Dios no puede ser tentado por el mal, ni él tienta a nadie» (Santiago 1:13, *RV-60*). Tampoco le pedimos a Dios que nos deje de guiar porque nuestras vidas necesitan su dirección. «El SEÑOR es mi pastor [...] junto a tranquilas aguas me conduce» (Salmo 23:1-2). En esta petición solo le pedimos a Dios (que siempre nos guía) que nos guarde del pecado que nos abruma. Le pedimos al Padre que nos dé la victoria.

Por último, la séptima petición es nuestro ruego para que Dios nos proteja de Satanás, del maligno. Cuando algunas personas oran las palabras del Padrenuestro, piden que les libre de la influencia del mal, quizá porque la versión *Reina-Valera 1960* dice: «Líbranos del mal». La *Nueva Versión Internacional* identifica la fuente de la influencia: «el maligno» (Mateo 6:13). (La palabra original en griego, *ponerós*, puede traducirse como «maligno» o «cosa mala»).

La bendición: La oración para que el reino de Dios gobierne nuestra vida

La bendición final, o conclusión, resume todo lo que se dijo antes y nos apunta hacia Dios. Cuando oramos: «Tuyo es el reino», reconocemos en nuestra vida el gobierno del reino de Dios. Cuando decimos: «Tuyo es el poder», reconocemos que Dios es el que tiene todo el poder para conceder nuestras peticiones. Y cuando oramos: «Tuya es la gloria por todos los siglos», le damos todo el crédito y la gloria a Dios. *¡Amén!*

TU TAREA

Memoriza el Padrenuestro. La versión del Padrenuestro que se menciona en este capítulo aparece en Mateo 6:9-13; una versión con algunas diferencias se encuentra en Lucas 11:2-4. Esta oración expresa todo lo que necesitas tener en cuenta en tu oración y todo lo que necesitas para cada día.

Comprométete a orar cada día las palabras del Padrenuestro. Este capítulo apenas ha tocado la superficie de este mar insondable que es el Padrenuestro. Empecé a recitar cada día esta oración en el año 1982 y estaba maravillado de cuántos nuevos significados descubría cada día. Uno puede hacer esta oración por el resto de su vida y a diario encontrará nuevas fuerzas en ella. Te invito a que la repitas todos los días. A fin de obtener mayor información sobre el Padrenuestro, consulta mi libro *Cómo orar la oración del Señor, el Padrenuestro, para vencer en el Espíritu* (publicado en inglés por Regal Books, Ventura, CA, 1997).

Adora al Padre usando sus diversos nombres. Consulta mi libro *365 Ways to Know God* (Regal Books, Ventura, CA, 2004) o el apéndice de *My Father's Names* (Regal Books, Ventura, CA, 1991) para ver una lista de algunos de los muchos nombres de Dios (disponible en Regal Books y en www.elmertowns.com).

Ora pidiendo que el reino de Dios venga a tu vida hoy. Comprométete cada día con Dios a vivir de acuerdo con su voluntad.

Ríndete a Dios con la frase «Hágase tu voluntad». El plan inmediato de Dios para tu vida quizá no sea limpiar el piso en un campamento en Carolina del Norte, pero de seguro que hay algo que Él quiere que hagas *cada* día. Pídele a Dios que, a medida que te involucras en tus actividades, Él pueda cumplir su propósito.

Pídele a Dios que supla hoy tus necesidades físicas. Recuerda, aquí no buscas un milagro ni le pides a Dios que sea una máquina expendedora. Pídele que te dé las fuerzas que necesitas para vivir ese día. Puedes hacer una lista de tus necesidades y darle gracias a Dios cuando Él conceda tu petición. Luego, puedes contárselo a un amigo a fin de ayudarlo a fortalecer su fe.

Practica la confesión de modo que logres vivir en comunión con el Padre todos los días. Y no te olvides de perdonar a los que pecan contra ti.

Pídele al Padre que te libre del maligno. Satanás anda como león rugiente buscando a quien devorar (lee 1 Pedro 5:8). Por siglos, los cristianos han orado el Padrenuestro y cada una de sus necesidades se han satisfecho en estas siete peticiones. Así que, en este momento, te desafío a tener un encuentro con el Padre mediante esta oración. Recibirás la mayor experiencia en la tierra: Él vendrá a tu encuentro.

CAPÍTULO TRES

Intimidad con Dios

Padre nuestro que estás en el cielo,
santificado sea tu nombre.
MATEO 6:9

Ahora que hemos analizado el modelo de oración que nos dio Jesús, démosle una mirada más profunda a algunos de los aspectos que lo componen. Cuando Jesús les enseñó a sus discípulos a orar, empezó con las palabras: «Padre nuestro que estás en el cielo» (Mateo 6:9). Como mencioné antes, Jesús los invitaba, y a nosotros, a tener una relación íntima con Él.

Es interesante señalar que Jesús les mostraba una imagen de Dios distinta por completo a la que estaban acostumbrados. Tal parece que en el Antiguo Testamento la relación con Dios no era tan estrecha. A Dios se le conocía como *Elohim*, el poderoso Creador que hizo posible la existencia del mundo; *Yahvé* (*Jehová*), la deidad que cumple el Pacto y quien le dijo a Moisés: «YO SOY EL QUE SOY»; y *Adonai*, el amo y dueño de los israelitas. Sin embargo, en el Antiguo Testamento nunca se le llama «Padre» ni se le da ese título. Es cierto que a menudo se le comparaba con un padre, pero solo a modo de metáfora: «A pesar de todo, SEÑOR, tú eres nuestro Padre; nosotros somos el barro, y tú el alfarero» (Isaías 64:8). Asimismo, a Dios lo comparaba con una madre, pero también a modo de metáfora: «Como madre que consuela a su hijo, así yo los consolaré a ustedes» (66:13).

No obstante, para Jesús, Dios no era un padre autoritario. Era su «Papá», un término que indica su íntima relación con el Padre. Analicemos esta relación con más detalle.

Visión de Jesús: Dios como Padre

Detengámonos por un momento en la historia de cuando María y José pierden el rastro de Jesús con tan solo doce años, de regreso a Jerusalén (lee Lucas 2:41-50, *RV-95*). Cuando la pareja en un estado de desesperación por fin encuentra a su hijo en el templo, María exclama: «Hijo, ¿por qué nos has hecho esto? Tu padre y yo te hemos buscado con angustia» (v. 48). Jesús se quedó un poco sorprendido. «¿Por qué me buscabais? ¿No sabíais que en los negocios de mi Padre me es necesario estar?» (v. 49).

Muchas personas al leer este pasaje destacan el hecho de que Jesús estaba en el templo, en la casa de Dios. Sin embargo, pierden de vista el punto principal: las primeras palabras de Jesús registradas en la Escritura resaltan su relación con Dios. Jesús lo llamó «Padre», título que denota *intimidad*. Debido a que María y José tenían una imagen de Dios de acuerdo con lo que establecía el Antiguo Testamento, no nos sorprende que «no entendieran lo que les dijo» (v.50).

Cuando a Jesús lo bautizaron en el río Jordán, una vez más el Padre celestial apareció diciendo: «Tú eres mi Hijo amado; estoy muy complacido contigo» (Lucas 3:22). Y en la transfiguración, una vez más el Padre les recordó que Jesús tenía una relación íntima con Él: «Este es mi Hijo amado. ¡Escúchenlo!» (Marcos 9:7).

Esta intimidad se desarrolla incluso en la semana previa a la crucifixión de Jesús. Apenas unos días antes de que le crucificaran, Jesús enseñaba en el templo. Allí oró: «¿ [...] Padre, sálvame de esta hora difícil? ¡Si precisamente para afrontarla he venido! ¡Padre, glorifica tu nombre!» (Juan 12:27-28). Entonces el Padre celestial con voz audible habló desde el cielo: «Ya lo he glorificado, y volveré a glorificarlo» (Juan 12:28).

Algunos piensan que Jesús enfrentó la tentación más fuerte justo antes de su arresto mientras oraba en el huerto de Getsemaní. «Abba, Padre,» —oró— «todo es posible para ti. No me hagas beber este trago amargo, pero no sea lo que yo quiero, sino lo que quieres tú» (Marcos 14:36). Sin duda, a Jesús lo tentaron para que esquivara la cruz, pues Él conocía el terrible castigo físico que se avecinaba. Sin embargo, en ese momento de crisis, Jesús clamó al «Abba» (Papá) por ayuda. Basado en esta oración y su relación con el Padre, recibió fuerzas y fue capaz de abandonar el huerto para sufrir el castigo de hombres malvados.

La relación que Jesús instituyó entre Dios, el Creador, y nosotros, los creados, es semejante a la de un niño. Pablo repitió esta idea en la carta a la iglesia de los gálatas al escribirles: «Ustedes ya son hijos. Dios ha enviado a nuestros corazones el Espíritu de su Hijo, que clama: "¡Abba! ¡Padre!"» (Gálatas 4:6). La palabra «Abba» que aparece en este pasaje (nuestro significado para «papá») revela la íntima relación que tenemos con Dios. Pablo también señaló que «el Espíritu mismo le asegura a nuestro espíritu que somos hijos de Dios. Y si somos hijos, somos herederos; herederos de Dios y coherederos con Cristo» (Romanos 8:16-17). No vinimos a formar parte de la familia de Dios para «recibir el espíritu de esclavitud» (v. 15, *RV-60*). ¡No! Pablo dijo que todos tenemos el derecho de familia de clamar: «Abba, Padre».

Disfruta de la presencia de Dios

Entonces, ¿a dónde nos lleva todo esto? Bueno, si bien existen muchas maneras de orar, en definitiva debemos aprender a orar de manera íntima, como lo hace un niño cuando habla con su padre. Podemos comenzar con una petición externa, como cualquier persona que le solicita algo a alguien en una posición de autoridad y, luego, podemos pasar a una oración de intimidad. Recuerda que, por definición, orar significa tener una charla íntima, cara a cara con Dios.

Lo que llama la atención de la perspectiva de nuestra relación con Dios, que Jesús presentó, es que quita de nosotros toda presión por tener algo que decir en la oración. Imagínate a un niño sentado en las piernas de su padre. No necesita decirle nada. El solo hecho de tener una relación y disfrutar de la presencia de su papá ya es bueno. Nuestra sola presencia le dice a Dios que lo amamos y su presencia nos garantiza su amor.

Sin embargo, ¿cómo podemos orar sin palabras? Cuando nos encontramos en íntima relación con el Padre podemos orar solo con el sentimiento. Imagina de nuevo al niño sentado en las piernas de su papá. No necesita palabras para expresarle a su padre el amor que siente. La sola presencia le comunica al padre que lo ama y que quiere estar a su lado.

En la oración, por lo tanto, la intimidad es más un asunto de estar en la presencia de Dios que de esforzarse por encontrarlo. No se trata de métodos, de técnicas, ni de seguir la fórmula ni la prescripción adecuada. Se trata de recurrir al vínculo familiar que tenemos con el Padre por medio de Jesucristo.

Considera lo siguiente: El niño en las piernas de su padre no tuvo que hacer un curso para aprender a ser hijo. Todo vino como consecuencia del nacimiento. Una vez que nació en una familia, experimentó al instante el amor del padre y empezaron a aprender cómo comportarse como integrantes de la familia. De la misma manera, nosotros no necesitamos aprender principios ni memorizar las Escrituras para llegar a ser hijos del Padre celestial. Somos sus hijos porque Él nos hizo formar parte de su familia. Y como miembros de la familia de Dios, ¡podemos disfrutar de este privilegio de contar con una relación íntima con Él!

Cuando no coincide nuestra visión de la relación

Espera un minuto, quizá pienses. *Todo este asunto de la intimidad parece demasiado íntimo. ¿No nos enseña también la Biblia que debemos reverenciar a Dios porque es santo?* Tienes toda la razón. A menudo en la oración se genera cierta tensión entre reverencia y relación. Necesitamos reconocer que Dios es santo y poderoso, y que debemos rendirle el respeto que se merece. Necesitamos aferrarnos a su reverencia y rogar por misericordia por medio de la sangre de Jesucristo.

Sin embargo, también debemos darnos cuenta de que tenemos una relación con Dios. Una forma en que los hijos demuestran el amor que sienten por sus padres es respetándolos. Cuando un niño obedece los deseos de sus padres y reconoce su autoridad, les muestra a sus amigos que la relación tiene valor. Cuando mostramos respeto a Dios y «santificamos su nombre», manifestamos que nuestra relación con Dios es valiosa. Podemos avanzar rumbo a una comunión más íntima con Dios y saber que Él nos ama, que envió a su Hijo a morir en una cruz por nosotros y que tiene un plan maravilloso para nuestra vida.

Aun así, ¿qué sucede si no sentimos esta conexión? ¿Cómo hacemos para superar la etapa de la «petición» y experimentar una conexión íntima? Bueno, solo hay que darle tiempo y permitir que crezca la relación. Después de todo, los bebés no sienten afecto por sus padres en el momento de nacer. Es más, nacen con los puños cerrados.

Los bebés *son* egoístas, desde un punto de vista estricto, y solo les preocupa lo que pueden obtener de sus padres. Su egoísmo les ordena a sus padres que complazcan cada uno de sus caprichos. Lloran cuando el pañal está mojado, cuando el cuarto está caluroso o cuando se sienten olvidados. Los bebés tampoco piensan si sus berrinches interrumpen el mensaje que Dios da por medio de un pastor a la iglesia llena de gente que guarda silencio. Tampoco les preocupa distraer a la gente que participa del culto ni tampoco interrumpir lo que Dios trata de decirle a una persona. No, sino que son egoístas por completo.

Sin embargo, no son egoístas de manera irreversible. A medida que pasa el tiempo y crecen, aprenden mejores formas de expresar sus necesidades. Y, en general, dentro de un vínculo familiar los niños aprenden a dar amor de la misma forma en que lo reciben. ¿De qué manera aprende un niño a amar a sus padres? ¡Recibiendo amor! «Nosotros lo amamos a él porque él nos amó primero» (1 Juan 4:19, *RV-60*).

No obstante, ¿qué sucede si nuestros padres terrenales son pobres ejemplos de este tipo de vínculo afectivo? ¿De qué manera podemos asociarnos con una imagen de un Padre celestial amoroso cuando no hay un modelo terrenal sobre el cual pueda basarse este concepto? Es importante señalar que mientras que la ilustración de la relación entre padre e hijo sirve como un ejemplo apropiado, no deberíamos tomarlo como punto de partida y proyectarlo a la relación con Dios. A decir verdad, sucede lo contrario. Nuestra comprensión de lo que es un padre terrenal proviene del *modelo divino*. Dios es nuestro Papá, pero también es el jefe que dirige a su familia. Es nuestro Proveedor. Es el poderoso Creador que nos protege. Todas estas analogías son ciertas y todas tienen su origen en Él.

Nuestros padres terrenales no deberían ser el ejemplo de nuestra relación con Dios, sino que nuestra relación con Dios debería ser el modelo de cómo debemos relacionarnos aquí en la tierra. No importa cómo sea la relación con nuestro padre terrenal. No podemos tomarla como un fundamento para rechazar una relación con la familia que Dios nos dio. Las experiencias pasadas podrían dificultar una oración íntima (en particular si nuestra familia terrenal fue víctima de abusos), pero no deberían hacerla imposible. Dios puede sanar cualquier herida pasada y restaurar nuestra condición. Si perdonamos a la familia como Dios nos perdonó, ese acto de perdón nos llevará a obtener la victoria sobre cualquier percepción errónea.

TU TAREA

Perdona. Si has tenido una relación negativa con tu padre terrenal, tienes la responsabilidad de perdonarlo y prepararte para una relación maravillosa con el Padre celestial. Cuando perdonas a tu padre, no es algo que hagas por él, sino por ti. Nunca estarás completo hasta que lo hayas hecho.

Confiesa todos los pecados que rompan tu relación con el Padre celestial. Estudia 1 Juan 1:7-10. Confiesa cualquier pecado que haya en tu vida y acepta el perdón de Dios.

Descansa en la presencia del Padre. No hagas una oración para las apariencias ni en voz alta. Solo disfruta de su divina presencia. Quédate en la presencia del Padre y medita en su amor y su bondad.

CAPÍTULO CUATRO

pide y recibe

Venga tu reino, hágase tu voluntad en la tierra como en el cielo. Danos hoy nuestro pan cotidiano.
MATEO 6:10-11

El Padrenuestro contiene siete peticiones, o ruegos, a Dios. Quizá sea porque Jesús reconocía que pedir y recibir de parte de Dios son elementos importantes en la oración. Es más, en Juan 16:24, Jesús les dijo a sus discípulos: «Hasta ahora no han pedido nada en mi nombre. Pidan y recibirán, para que su alegría sea completa».

Sin embargo, hay muchas personas que creen que la idea de pedirle cosas a Dios es, en cierta forma, degradarlo. Sostienen que es como mendigar o manipular a Dios. Aun así, es importante recordar que la idea de pedir surgió de Dios, no de nosotros. Apenas Jesús comenzó su ministerio, dijo: «Pidan, y se les dará; busquen, y encontrarán; llamen, y se les abrirá. Porque todo el que pide, recibe; el que busca, encuentra; y al que llama, se le abre» (Mateo 7:7-8).

Esto trae a colación una pregunta interesante: ¿Por qué Dios quiere que sus hijos le pidan cosas? Si Él es un Dios que *todo lo sabe*, ¿no conoce nuestras necesidades antes de que pidamos? ¿Y no es la Biblia que nos enseña: «Su Padre sabe lo que ustedes necesitan antes de que se lo pidan» (Mateo 6:8)? Entonces, ¿cuál es la cuestión? En realidad, existen varias razones buenas que justifican el porqué Dios quiere que pidamos en oración.

¿Por qué Dios quiere que oremos por nuestras necesidades?

Quizá la razón principal tenga mucho que ver con la *confianza*. Imagínate por un momento que estás organizando una fiesta de cumpleaños para tu hermana. Estás muy ocupado y hay muchos detalles a tener en cuenta... tantos que, en sí, notas que no podrás terminar a tiempo. De modo que decides pedirle a alguno de tus amigos que te ayude. Dos amigos son los que están disponibles: Juan, que es un poco descuidado y no muy bueno a la hora de asumir responsabilidades, y Guillermo, muy responsable y con mucha capacidad de organización. ¿A cuál le pides ayuda? Bueno, no hace falta ser muy inteligente para responder: llamas a Guillermo porque confías en su capacidad para llevar a cabo la tarea.

De la misma manera, al pedir algo en oración, demostramos nuestra confianza en Dios. Cuando Jesús les dijo a sus discípulos que Él haría todo lo que pidieran en su nombre, les presentaba una de las formas más básicas de dependencia. En el momento en que le tenemos que pedir algo a Dios, significa que dependemos de Él para obtener respuesta a nuestras necesidades. Es otra forma de decirle que *confiamos* en Él.

Una segunda razón es que a Dios le *gusta* que lo hagamos. Si eres padre, ¿acaso no disfrutas cuando tus hijos te piden cosas? Seguro que ya sabes lo que necesitan, pero aun así es lindo saber que dependen de ti para suplir sus necesidades. Los padres que aman a sus hijos *quieren* que sus hijos también los amen. La petición de algo es la forma más básica y elemental de expresar dependencia y, en una atmósfera donde se pide y recibe, crece el amor.

Pedirle cosas a Dios en oración nos coloca en una relación de compañerismo con nuestro Padre celestial. Si compartimos una oficina con alguien, tenemos que trabajar con la otra persona, hacer juntos las tareas y apoyarnos el uno al otro. Tenemos que pedir lo que necesitamos y recibirlo de la otra persona. Del mismo modo, nosotros trabajamos con Dios en la construcción de su reino en la tierra. «Nosotros somos colaboradores al servicio de Dios; y ustedes son el campo de cultivo de Dios, son el edificio de Dios» (1 Corintios 3:9). Colaboramos con Dios para llevar a cabo grandes tareas. Este compañerismo se basa en un espíritu de cooperación y confianza.

Es evidente que esto también significa que pedir cosas enriquece nuestra comunión con Él. Cuando le contamos lo que hay en el corazón y le pedimos ayuda, nuestra relación con el Padre celestial se profundiza más. Aprendemos a confiar en Dios para obtener fuerzas, y cuando nuestras oraciones reciben respuesta, se fortalece nuestra fe. Dios se alegra cuando le expresamos cosas de gran importancia.

Sin embargo, cuando decimos: «No molestaré a Dios con estos detalles pequeños», ¿acaso no implica que cuestionamos nuestra relación con Él? ¿Nos preocuparía pedirle a un amigo íntimo algo que para nosotros es importante, aun si es algo menor? Claro que no, si en verdad es nuestro amigo, sabríamos que la otra persona está dispuesta a ayudarnos sin importar cuán «pequeño» o «insignificante» sea el asunto. De todos modos, no podemos ocultarle nada a Dios; entonces, ¿para qué intentarlo? Solo arruinaría nuestra relación con Él.

¿Qué pasaría si siempre mantenemos nuestras oraciones en la sublime altura de la alabanza y la adoración? ¿Qué sucedería si nunca le contáramos nuestros problemas a Dios? ¿Qué pasaría si sentimos como si nunca pudiéramos pedirle algo? ¿Seríamos sinceros con Dios? Y si no somos sinceros con Dios, ¿podemos alabarlo con sinceridad? Cuando oramos y le pedimos a Dios que nos ayude, ¿no es un síntoma de una buena relación?

La petición es una regla del Reino. Es la forma en que los niños pequeños se relacionan con sus padres y es la manera en que los hijos de Dios deberían relacionarse con Él. Hacer peticiones no es una forma menor de oración ni tampoco un método inexperimentado de oración. Es como respirar... se necesita pedir para seguir caminando con Dios.

La oración en el nombre de Jesús

Jesús dijo: «Hasta ahora no han pedido nada en *mi nombre*» (Juan 16:24, énfasis añadido). En Juan 14:13, Jesús les dijo a sus discípulos: «Cualquier cosa que ustedes pidan en *mi nombre*, yo la haré» (énfasis añadido).

Entonces, ¿les enseñaba que usaran alguna clase de mantra? ¿Les decía que podemos terminar nuestras oraciones con una frase que diga «en el nombre de Jesús, amén» y tener la garantía de que nuestras oraciones recibirán respuesta? ¡No! En absoluto. Usar el nombre de Jesús en una oración no es una llave mágica que abre las puertas del cielo.

Una vez más, se trata de una relación. Cuando oramos en el nombre de Jesús, entramos en una relación con Jesucristo. Nos aprovechamos por completo de su muerte en la cruz en pago por nuestros pecados. Lo aceptamos como el Señor de nuestra vida y nos identificamos con Él. Nuestra relación se restaura porque ya se perdonó todo pecado que prohibía la entrada a la presencia de Dios. «¡Aquí tienen al Cordero de Dios, que quita el pecado del mundo!» (Juan 1:29).

La oración en el nombre de Jesús no solo nos identifica con su muerte en la cruz, sino también con su vida nueva después de su resurrección. En Efesios 2:4-6 (*RV-60*), Pablo declara:

> Pero Dios, que es rico en misericordia, por su gran amor con que nos amó, aun estando nosotros muertos en pecados, nos dio vida juntamente con Cristo [...] y juntamente con él nos resucitó, y asimismo nos hizo sentar en los lugares celestiales con Cristo Jesús.

Por lo tanto, cuando oramos en el nombre de Jesús, podemos estar tan cerca de Dios el Padre como Cristo. ¡Más cerca que eso no podemos estar!

El secreto de nuestra vida cristiana es también el secreto de la oración en el nombre de Jesús. Llegamos a ser cristianos al pedirle a Jesús que venga a nuestra vida (lee Juan 1:12; Colosenses 1:28). La esencia de la vida cristiana es Cristo en nosotros y nosotros en Él. Jesús dijo: «Si permanecen en mí y mis palabras permanecen en ustedes, lo que quieran pedir se les concederá» (Juan 15:7). Fíjate en la condición que aquí se menciona para recibir respuesta a nuestras oraciones: Debemos *permanecer* en Él. Por lo tanto, cuando oramos en el nombre de Jesús, tenemos que acordarnos de nuestra relación con el Padre y que estamos «arraigados» en Jesús, a fin de permanecer en Él. Esto se convierte en la base para todas las respuestas a las oraciones.

Podemos orar en el nombre de Jesús porque existe una *amistad* con Cristo. Jesús considera que cada uno de nosotros forma parte de su círculo íntimo de amigos. Cuando oramos en su nombre, nos tomamos de la mano derecha del Padre y permanecemos en Cristo. En otras palabras, nos acercamos a Dios. Y ese es el lugar en el que se oyen y se responden nuestras oraciones.

TU TAREA

Escribe una lista resumida con tus peticiones más urgentes. Utiliza el siguiente modelo para confeccionar la lista de tus peticiones de oración de mayor urgencia. La lista puede ser de dos o tres puntos o de una docena.

Petición de oración	Fecha	Respuesta	Fecha
1.			
2.			
3.			
4.			
5.			

Presenta todos los días estas peticiones a Dios. Pon esta lista donde sueles orar y, luego, pídele a Dios todos los días que responda estas peticiones. Quizá quieras escribir una explicación sencilla de lo que deseas que haga Dios o de cómo quieres que responda.

Comienza tus oraciones en el nombre de Jesús. No esperes hasta terminar la oración para decir «en el nombre de Jesús». Recuerda que cuando oras en el nombre de Jesús, estás entrando en una relación con Jesucristo. Acércate al Padre celestial y permanece en Él en oración. ¡No te olvides de agradecerle a Jesús por hacer posible esta relación!

Indica cuando Dios responda tu petición. Por lo general, escribo «Amén» al lado de las oraciones que Dios ha contestado en mi vida. Cuando es una gran respuesta, escribo con letras mayúsculas: ¡¡AMÉN!!

Conserva las respuestas a tus oraciones que sirvan después para fortalecer tu fe. ¡Tengo listas con motivos de oración hasta de 1950! Algunas veces, cuando estoy desanimado, repaso estas listas y vuelven a mi mente todos esos momentos en los que Dios contestó mis oraciones. Me anima a seguir adelante y a continuar pidiéndole a Dios que responda mis necesidades de hoy.

¡Empieza ahora! No esperes hasta terminar este libro ni hasta haber desarrollado el hábito de orar con regularidad. Si esperas, quizá no lo hagas nunca. ¡Así que comienza ahora mismo!

CAPÍTULO CINCO

Arrepentimiento y liberación

Perdónanos nuestras deudas, como también nosotros hemos perdonado a nuestros deudores. Y no nos dejes caer en tentación, sino líbranos del maligno.
MATEO 6:12-13

Cuando le rogamos a Dios «perdónanos nuestras deudas, como también nosotros hemos perdonado a nuestros deudores», pedimos que continúe nuestra relación con Él. Pedimos que se nos restaure la comunión con Dios, así como perdonamos las deudas de otros y los restauramos a la comunión con nosotros. El arrepentimiento implica que entendemos que hemos roto las reglas de Dios y que nos sentimos mal por lo que hemos hecho. Reconocemos que nuestros pecados nos han alejado de una relación íntima con el Padre.

Muchas personas lloran la primera vez que se encuentran con Jesucristo. Están quebrantados por sus pecados y lloran por lo que hicieron. El Evangelio de Lucas nos narra la historia de una mujer que estaba tan quebrantada a causa del pecado que se puso a los pies de Jesús y lloró (lee Lucas 7:38). En Hechos 2, cuando Pedro les dice a los judíos no creyentes que mataron al Hijo de Dios «se sintieron profundamente conmovidos y les dijeron a Pedro y a los otros apóstoles: "Hermanos, ¿qué debemos hacer?"» (v. 37).

El llanto en la oración

No hay nada de malo en llorar cuando vamos camino a la cruz de Jesucristo. Sin embargo, no todas las personas lloran al recibir la salvación. Algunos ríen porque les quitaron la carga de sus pecados y sienten un alivio del pasado. Otros se inclinan ante Dios en humildad, como en la historia del recaudador de impuestos que se relata en Lucas: «En cambio, el recaudador de impuestos, que se había quedado a cierta distancia, ni siquiera se atrevía a alzar la vista al cielo, sino que se golpeaba el pecho y decía: "¡Oh Dios, ten compasión de mí, que soy pecador!"» (Lucas 18:13).

Cuando me convertí, no lloré. Estaba muy serio. Sabía que estaba perdido, así que oré: *Señor, nunca antes he hecho esto.* En ese momento, Dios me permitió experimentar por unos segundos el horror del infierno. ¡Tuve la sensación de estar en el infierno! Enseguida clamé: «¡Jesús, ven a mi corazón y sálvame!». Y en ese instante, Él me salvó. De inmediato supe que Cristo había venido a mi vida. Fue una experiencia muy conmovedora y, desde entonces, no he dudado de mi salvación. Fue como si me hubiese estado ahogando en el mar y alguien me hubiera rescatado de en medio de las olas y puesto en la cubierta de un barco.

No obstante, lo cierto es que el llanto es parte de la oración, en especial cuando estamos quebrantados porque sabemos que necesitamos el perdón o cuando estamos desanimados porque hay algún pecado que a cada momento hace que nos deslicemos. ¿Por qué importan las lágrimas en la oración?

Tal vez una razón sea que las lágrimas ponen de manifiesto la sinceridad del corazón. Reflejan la profundidad de las emociones e indican que hemos tocado fondo. Muchas veces intentamos ocultar el dolor y vestimos una máscara de risa y humor. Otras veces engañamos con las palabras y evitamos enfrentar el dolor. Sin embargo, cuando lloramos de corazón, salen a la luz las emociones. El engaño desaparece.

Personajes bíblicos que lloraron

La Escritura da muchos ejemplos de personas que lloraron... personas que en distintas ocasiones y por diferentes circunstancias lloraron en presencia del Señor. Cuando María perdió a su hermano Lázaro, lloró por su muerte y por la desilusión que le causó que Jesús no estuviera en ese momento para salvarlo. «Señor, si hubieras estado aquí, mi hermano no habría muerto» (Juan 11:32). A Jesús le dolió tanto escuchar estas noticias que también lloró. Si el corazón se quiebra, no tengamos vergüenza de dejar que corran las lágrimas.

Cuando a los israelitas los llevaron cautivos a la tierra de Babilonia, lloraban al recordar las cosas buenas que tuvieron. «Junto a los ríos de Babilonia nos sentábamos, y llorábamos al acordarnos de Sión» (Salmo 137:1). Cuando los captores de los judíos les pidieron que cantaran una canción alegre, los israelitas respondieron: «¿Cómo cantar las canciones del Señor en una tierra extraña?» (Salmo 137:4). Existe un momento en el que debemos dejar de lado la risa y llorar ante el recuerdo de lo perdido. «Todo tiene su momento oportuno [...] un tiempo para llorar, y un tiempo para reír; un tiempo para estar de luto y un tiempo para saltar de gusto» (Eclesiastés 3:1, 4). Y no nos olvidemos de Jeremías, el «profeta llorón». Jeremías fue fiel al llamado de Dios. Sin embargo, la fidelidad lo puso en momentos difíciles. Cuando lo castigaron por ser fiel, azotándolo en presencia de todos los ciudadanos, metiéndolo en un calabozo y poniéndolo en ridículo, exclamó: «¡Ojalá mi cabeza fuera un manantial, y mis ojos una fuente de lágrimas, para llorar de día y de noche por los muertos de mi pueblo!» (Jeremías 9:1).

Sin duda, Pablo oró quebrantado por sus hermanos judíos que no eran salvos. «Me invade una gran tristeza y me embarga un continuo dolor. Desearía yo mismo ser maldecido y separado de Cristo por el bien de mis hermanos, los de mi propia raza» (Romanos 9:2-3). Pablo sentía un dolor muy grande al ver que sus hermanos judíos habían rechazado a Cristo como Señor y Salvador. Sus lágrimas no eran por algo perdido, sino por otros que estaban perdidos.

Si queremos ser intercesores eficientes, debemos tener un corazón dispuesto a llorar en la presencia de Dios. Si los ojos siempre están secos, quiere decir que tal vez el alma esté seca también. Y un corazón seco se convierte en un corazón endurecido. ¿Cómo podemos ablandar el corazón delante de Dios? A través de las lágrimas y el quebrantamiento.

Cuando lloramos delante de Dios, es una señal de que Él ha tocado lo más profundo de nuestro ser. Ha llegado a la capa más profunda del corazón para raspar la costra que nosotros mismos no nos atrevemos a tocar. Las lágrimas le demuestran a Dios nuestra sinceridad para lidiar con las cuestiones más importantes. Muchas veces se necesitan lágrimas y quebrantamiento para derribar el orgullo que hay en nuestra vida y permitir que el corazón quede al descubierto.

El recuerdo de pecados pasados

A menudo resulta bueno cuando Dios nos trae a la memoria los pecados pasados. Mientras más los recordamos, más miedo nos causan y nos llevan a un arrepentimiento aun más profundo. Tal fue el caso del rey David después que cometió adulterio con Betsabé y, para esconder la culpa, mandó a matar a su esposo. Después que el profeta Natán le declara el pecado cometido, David estaba tan desconsolado que clamó a Dios: «Contra ti he pecado, solo contra ti, y he hecho lo que es malo ante tus ojos; por eso, tu sentencia es justa, y tu juicio, irreprochable» (Salmo 51:4). David no podía borrar de su mente lo que hizo: «Yo reconozco mis transgresiones; siempre tengo presente mi pecado» (v. 3).

En ocasiones sabemos que hay pecado en nuestra vida, pero no logramos arrepentirnos. A veces sabemos qué hacer, pero no logramos desarrollar la disciplina para hacerlo. Son esos momentos en los que Dios nos convence de pecado, quebranta nuestro corazón y lloramos por lo que hicimos. Cuando esto sucede, las lágrimas son buenas, ya que nos permiten tratar el pecado y pedirle a Dios que nos perdone.

Peter Cartwright, el evangelista metodista que recorría ciudades montando a caballo, oró por dos semanas en busca de la salvación. Aunque no dejaba de llorar delante de Dios, le preocupaba la sensación de que se iría al infierno. Al final, su madre intervino y oró por él, asegurándole que Dios lo amaba y que había respondido sus oraciones. Cartwright aceptó a Cristo como su Salvador y llegó a ser un predicador metodista lleno de frutos, que fundó cientos de iglesias durante su vida[1].

Cuando vemos a alguien con lágrimas, debemos pensar que esa persona está pasando por un período de transición. Es evidente que no podemos llorar toda la vida... en algún momento debemos levantarnos y seguir adelante. Sin embargo, es probable que todo aquel que se haya sujetado a Dios, haya llorado rumbo a un nuevo día y a un mañana mejor. Aunque inevitables, las lágrimas llevan al gozo y a la victoria.

Liberación del pasado

Mientras Dios algunas veces aplicará el método de hacer que recordemos pecados pasados para atraer nuestra atención y llamarnos al arrepentimiento, es importante tener en cuenta que Él no quiere que permanezcamos atados a los errores del pasado. La adicción es una de las formas en que Satanás nos mantiene atrapados al yugo de la esclavitud y nos impide experimentar la verdadera libertad que todos tenemos en Cristo. Al mantenernos atados a los hábitos del pasado que nos debilitan, Satanás intenta destruir la relación que Dios el Padre desea tener con cada uno de nosotros. Por eso el autor de Hebreos nos exhorta a que nos «despojemos de todo peso y del pecado que nos asedia, y corramos con paciencia la carrera que tenemos por delante» (Hebreos 12:1, *RV-60*).

Los «pecados que nos asedian» son esas conductas compulsivas que no podemos controlar en sí. Quizá sea la adicción al cigarrillo, al alcohol, a las drogas, a la actividad sexual e, incluso, a algún deporte o forma de entretenimiento que nos ofrece el mundo. Una vez que estamos envueltos en prácticas como estas, resulta muy difícil detenerse.

La adicción empieza primero en la mente y, luego, se involucra con las emociones. Primero *pensamos* que sería bueno adoptar cierto comportamiento. Después empezamos a sentir que debemos hacerlo. A medida que pasa el tiempo y se repite la práctica, ¡esos impulsos se instalan en forma de adicción física y estamos atrapados! El cuerpo pide más y, si se le priva de alguno de estos comportamientos, comienza a sufrir el síndrome de abstinencia. Pablo describió este patrón de conducta en la carta a los cristianos en Roma: «En vez de lo bueno que quiero hacer, hago lo malo que no quiero hacer» (Romanos 7:19, *TLA*).

La última petición en el Padrenuestro es para que Dios nos libre de Satanás, el maligno. Nunca debemos olvidar que Satanás se encarga de avivar los impulsos. «¡Es el padre de la mentira!» (Juan 8:44, NVI) y quiere que todos crean sus mentiras. Está detrás de cada pecado que nos asedia y que enfrentamos y los utiliza como medios para manipularnos como peones en el ajedrez. Cuando obedecemos a Satanás de buena gana, él gana la batalla.

Receta para ser libres[2]

Entonces, ¿qué podemos hacer para romper las cadenas que nos mantienen esclavos de una adicción? El arma más importante que tenemos para combatir los pecados que nos asedian es un corazón limpio por la sangre de Jesucristo y una mente llena de su presencia. Se trata de una batalla mental. Pablo les escribió a los corintios, diciendo: «Las armas con que luchamos no son del mundo, sino que tienen el poder divino para derribar fortalezas. Destruimos argumentos y toda altivez que se levanta contra el conocimiento de Dios, y llevamos cautivo todo pensamiento para que se someta a Cristo» (2 Corintios 10:4-5).

1. Reconocer el pecado en nuestra vida

El primer paso para romper una adicción es reconocer cualquier influencia externa sobre tu mente o sobre tu vida. Tal vez sea una influencia impía que tenga su origen en el pasado o en el presente como, por ejemplo, un culto religioso, el pensamiento de la Nueva Era, religiones falsas o cualquier otra cosa que se desvíe de la verdad de Dios. Debemos ser duros con nosotros mismos. Jesús dijo: «Todo el que peca es esclavo del pecado» (Juan 8:34). Si queremos ser libres de alguna adicción, tenemos que examinarnos a fondo.

El siguiente paso es reconocer cualquier forma de autoengaño que nos hizo caer en esta adicción. Muchas personas en estado de esclavitud se niegan a asumir la responsabilidad por sus pecados. Culpan al comportamiento de su familia, a la presión en el trabajo, a las crisis de la vida u otra cosa oportuna. No obstante, hasta que no asumamos la responsabilidad que tenemos por *todos* nuestros actos, no seremos capaces de romper el yugo y experimentar una verdadera liberación de nuestros pecados.

2. Llenar nuestra mente de Cristo

Una vez que identificamos cualquier influencia externa, el siguiente paso es llenar nuestra mente de Jesucristo. Jesús es la verdad y, por lo tanto, conocerle es un paso importante hacia la libertad. «Y conocerán la verdad, y la verdad los hará libres» (Juan 8:32). Una buena manera de conocer a Cristo es leyendo y entendiendo las Escrituras porque la Palabra de Dios también es verdad (lee Juan 17:17).

La libertad sobre alguna adicción comienza con el deseo, no con el conocimiento de detalles humillantes, ni de causas que nos esclavizan. Para obtener libertad, debemos hacer una *elección* que nos dé libertad. Debido a que existe un poder externo que controla nuestra mente y que tiene la responsabilidad de nuestra esclavitud, la liberación también debe venir de un poder externo: el poder de Dios. Así que debemos luchar la batalla de la mente pidiéndole a Dios que nos libre del maligno, y una vez hecho esto, fortalecer la mente con la Palabra de Dios y la verdad de Jesucristo.

3. Ayunar y orar para alcanzar libertad

Debemos *orar y ayunar para librarnos* del pecado que nos asedia. En el Evangelio de Mateo, el padre de un joven poseído llevó a su hijo ante los discípulos para que lo sanaran. Sin embargo, los discípulos no pudieron echar fuera el demonio y sanar al joven. Cuando le preguntaron a Jesús cuál fue el motivo que los llevó al fracaso, el Señor les dijo: «Este género no sale sino con oración y ayuno» (Mateo 17:21, *RV-95*).

Algo interesante para destacar del tiempo verbal de la palabra griega «ayunar» que se menciona en este versículo (*nesteia*) es que sugiere una acción continua. Indica que quizá se requiera ayunar más de una vez para vencer una adicción. Además, como cualquier otra forma de liberación, mientras mayor sea la adicción, con mayor frecuencia tendremos que ayunar y orar. Mientras mayor sea la adicción, necesitaremos un arrepentimiento más profundo y una relación más cercana con Dios.

4. Perdonar a otros

El siguiente paso es perdonar a los que han pecado contra nosotros: «Y perdónanos nuestras deudas, como también nosotros perdonamos a nuestros deudores». Una persona en esclavitud es alguien que se queja de que un compañero de trabajo le robó a su empresa, o que su familia lo maltrató, o que su ex esposa fue la culpable del divorcio y de la ruptura de su familia. Una persona que culpa a otros lo único que hace es justificar sus propias conductas adictivas. Los que sin cesar traen a colación el pasado, son esclavos del pasado. Para cortar cualquier vínculo con el pecado, debemos estar dispuestos a perdonar a los que nos han ofendido. Cuando nos negamos a dejar que se desprendan del anzuelo, nosotros también nos mantenemos enganchados al anzuelo.

Tal vez no deseemos perdonar porque nos asustan las consecuencias. Nos damos cuenta de que cuando perdonamos a alguien, renunciamos al derecho de hacer justicia por la traición y el dolor que nos causó esa persona. El problema es que lo más probable es que nunca recibamos la compensación que creemos que nos *debe* la otra persona. El ejecutivo que elige perdonar a su compañero tendrá que soportar el dolor de la traición y aceptar la pérdida de la empresa. El que se reconcilia con su familia tendrá que tragarse el orgullo y aceptar el hecho de que la justicia no dio resultados. El hombre que elige ver sus acciones como la causa de la ruptura de su matrimonio tendrá que soportar el dolor que trae el remordimiento y el tiempo que perderá de pasar con sus hijos en un posterior acuerdo de custodia.

A pesar de que elijamos perdonar, tendremos que vivir con las consecuencias de lo sucedido. Por lo tanto, ¿no deberíamos dejar la amargura y seguir adelante? ¿Por qué permanecer atados a las personas que nos han hecho daño? Si no perdonamos por amor a *ellos*, deberíamos al menos ser inteligentes y perdonarlos por amor a *nosotros*. Es necesario que elijamos perdonar y terminar con el poder del pecado y la esclavitud en nuestra vida. No seremos libres en lo espiritual hasta que no perdonemos el pecado de otros, como Dios perdonó nuestros pecados.

Pongamos nuestra liberación en las manos de Dios

Una vez que perdonamos a la otra persona, ¿qué sucede? Significa que el asunto ya no existe entre nosotros. Si perdonamos en verdad, no podemos volver a sacar a relucir el asunto: queda entre Dios y la otra persona. Cuando perdonamos como lo enseña la Biblia, dejamos el asunto en manos de Dios y quitamos de nuestra mente cualquier idea de venganza.

A fin de experimentar libertad, debemos ser sinceros con nosotros mismos, con otros y con Dios. Tenemos que ser capaces no solo de decir: «Te perdono», sino también de tener la intención de hacerlo. Esto quizá exija que oremos y ayunemos hasta que el significado de estas palabras penetre en nosotros. ¿Por qué? Porque cuando controlamos la vida externa, comenzamos a controlar los deseos y las actitudes internas.

La libertad llega cuando cada día oramos al Padre «hágase tu voluntad» y aceptamos su voluntad para nuestra vida. La liberación sucede cuando nos responsabilizamos por nuestros pecados, nos arrepentimos de corazón y renunciamos a los errores pasados. La liberación se produce cuando asumimos la responsabilidad de vivir para Cristo y de vivir bajo su dirección. Siempre debemos recordar que no tendremos el poder de vencer ataduras hasta que decidamos liberarnos de las mismas.

TU TAREA

Lista de control. Revisa la última vez que lloraste ante Dios.

Hace poco	El mes pasado	El año pasado	Hace mucho tiempo	Nunca
Lloré por una persona perdida				
Lloré por un pecado personal				
Lloré por un problema de la iglesia				
Lloré por un familiar				
Otros ____________				

Arrepiéntete de tener un corazón endurecido. Si hace mucho tiempo que no lloras en la presencia de Dios, quizá necesites arrepentirte de tener un corazón endurecido. Cuanto más duro esté tu corazón, más profundo será el arrepentimiento que necesites. Quizá las lágrimas aparezcan cuando te arrepientas.

Considera el motivo de las lágrimas. La gente llora cuando ha perdido algo de gran valor. Las cosas que te hacen llorar dicen mucho acerca de tu sistema de valores. Haz una lista de las cosas por las que llorarías si las perdieras. Esto te ayudará a tomar tu «temperatura espiritual» delante de Dios.

Busca las indicaciones de Dios para romper las ataduras. No basta con pedirle a Dios que te quite un hábito porque esa no es la manera en que Él lidia con la libertad. Así como desarrollaste un hábito cada vez, debes asumir la responsabilidad por cada acción cometida. Debes decir «no» paso por paso. Para mayor información sobre cómo romper ataduras, consulta el libro de Neil Anderson, *Rompiendo las cadenas* (Editorial Unilit, Miami, FL, 2001).

Comprométete cada día a liberarte de la adicción. Rinde de una vez por todas tu adicción al Señor y, entonces, comprométete a vencer el pecado siempre que se presente la tentación. Al igual que un miembro de Alcohólicos Anónimos debe reconocer que bebe demasiado y, por lo tanto, tomar la decisión diaria de mantenerse sobrio, tú también debes comprometerse cada día delante de Dios a permanecer alejado de la adicción. Fíjate que en las reuniones que organiza Alcohólicos Anónimos, la persona se presenta y dice: «Mi nombre es ______________ *y soy alcohólico*». El reconocimiento de la debilidad da más fuerzas para superar la adicción.

Ayuna para quebrantar la adicción. Quizá sea necesario que ayunes una vez al día durante cuarenta semanas o solo cuarenta días. (Aun así, no ayunes tanto tiempo sin la preparación necesaria). Recuerda: Dios no califica el ayuno por lo que ingieres por la boca, sino por lo que sale del corazón[3].

Notas

1. Elmer L. Towns, *The Ten Greatest Revivals*, Servant Publications, Ann Arbor, MI, 2000.
2. La información que se expone en esta sección está basada en el libro de Neil Anderson, *Rompiendo las cadenas*, Editorial Unilit, Miami, FL, 2001.
3. Para mayor información en cuanto al ayuno, véase de Elmer Towns, *Abriendo una brecha espiritual por medio del ayuno*, Editorial Unilit, Miami, FL, 1999.

CAPÍTULO SEIS

Alabanza y adoración

Porque tuyo es el reino, y el poder, y la gloria, por todos los siglos. Amén.
MATEO 6:13, RV-60

La bendición final del Padrenuestro es nuestra oportunidad de dar un paso atrás en contemplación para reconocer la asombrosa mano de Dios en la vida. Confesamos que el reino de Dios gobierna nuestra vida y que Él tiene el poder de conceder peticiones, perdonar pecados y librarnos de la esclavitud. Cuando decimos: «Tuya es la gloria», ofrecemos una oración de alabanza al darle toda la gloria y crédito que Él se merece.

Debo confesar que me cuesta mucho escribir este capítulo, en gran parte porque siento que no alabo a Dios lo suficiente. Quizá esto se deba a que siento que no sé la manera de hacerlo como es debido. O quizá sea porque no he sido lo suficiente agradecido por todo lo que Él ha hecho conmigo. Sin embargo, creo que no alabo a Dios de la forma adecuada sobre todo porque no sé mucho de Él. Él es infinitamente mayor que cualquier cosa que pueda imaginar o concebir. Mi alabanza es muy *terrenal*, y Dios necesita una alabanza *celestial*. Toda alabanza que pueda ofrecer está limitada por mis emociones y lenguaje finito. Así que, ¿cuál sería la mejor manera de alabar a Dios?

Alabanza angelical

Considero que el tipo de alabanza que Dios necesita es la alabanza celestial que pueden ofrecer los ángeles. Ahora bien, cuando piensas en los ángeles, es probable que te imagines unos seres con un vestido blanco suelto, alas en la espalda y volando de aquí para allá llevando mensajes. Quizá te imagines a alguien como el ángel Gabriel que anunció el nacimiento de Cristo a María (lee Lucas 1:26-38), o las dos figuras con vestiduras resplandecientes que les dieron la noticia a María Magdalena y a las otras mujeres de que Cristo resucitó de entre los muertos (lee Lucas 24:4-7). Sin embargo, los ángeles se crearon para glorificar a Dios. «Y se decían [los ángeles] el uno al otro: "Santo, santo, santo es el Señor Todopoderoso; toda la tierra está llena de su gloria"» (Isaías 6:3).

La alabanza que los ángeles ofrecen a Dios es mucho mejor que la que nosotros, como seres humanos, podemos ofrecer. Por un lado, los ángeles no pueden pecar, así que el orgullo, la hipocresía o cualquier tendencia a desviarnos de Dios no afectan su alabanza. En otras palabras, la alabanza angelical no tiene la influencia de los deseos terrenales que entorpecen nuestra adoración. Los ángeles adoran a Dios de manera constante, mientras que nosotros lo hacemos de vez en cuando. Los ángeles adoran a Dios con el «lenguaje de Dios», mientras que a nosotros nos atrapan las limitaciones y las equivocaciones del lenguaje humano. Y los ángeles también saben más de Dios, de modo que pueden alabar a Dios con un conocimiento, una sabiduría y un entendimiento más exactos.

Todo esto trae a colación un punto importante: Si Dios tiene una multitud de ángeles que pueden alabarle de forma constante y de un modo más puro y celestial que cualquier cosa que nosotros podamos alcanzar, ¿por qué necesita que le alabemos?

Bendice al Señor

En el Salmo 103, David escribe: «Bendice, alma mía, al Señor, y bendiga todo mi ser su santo nombre» (v. 1, *LBLA*). Esto nos enseña que debemos alabar a Dios desde lo más profundo del corazón y con todo nuestro ser. Sin embargo, fíjate en la palabra «bendice» en este versículo. ¿Qué significa *eso*? Bendecir a alguien significa añadir algún tipo de valor a su vida en la tierra. Podemos bendecir a alguien desde el punto de vista financiero, dándole dinero; o material, dándole algo que necesita; o de manera espiritual, ofreciéndole ayuda y consejo.

No obstante, ¿cómo podemos bendecir a *Dios*? Él no necesita nuestro dinero. No necesita nada de lo que podamos entregarle. Conoce a plenitud su perfección, así que no hay nada que podamos ofrecerle. Dios no necesita nada. Entonces, ¿cómo podemos bendecir o añadir valor a Dios? La respuesta es muy simple: No podemos. No hay nada que podamos hacer para que Dios sea más de lo que es Él.

Sin embargo, cuando decimos «bendice, alma mía, al Señor», le damos a Dios algo que no puede darse Él. Asusta un poco pensar que hay algo que Dios *no pueda* hacer, pero la verdad es que Él no puede rendirse alabanza o adoración. Así que cuando bendecimos al Señor, le damos a Dios un valor que viene de almas redimidas que reconocen su grandeza y bondad por lo que Él es y hace por nosotros.

Cuando alabamos a Dios, salimos de nuestro yo y nos acercamos a Él como nunca. Nos alejamos de nuestras oraciones que solo contienen peticiones («El pan nuestro de cada día, dánoslo hoy») y nos dirigimos hacia una oración cuyo único objetivo es reconocer la gloria y la majestad de Dios. Cuando alabamos a Dios, no le pedimos que nos dé dinero, ni que nos saque de un problema, ni que supla alguna necesidad. La alabanza no se relaciona con nosotros, sino con Dios. Cuando alabamos a Dios, no hacemos nada más que ofrecerle nuestra devoción desinteresada al exaltarlo solo por lo que es Él.

¿Por qué alabamos a Dios?

Entonces, ¿por qué debemos alabar a Dios? Una razón es porque se trata de un mandato. El autor de Hebreos escribe: «Así que ofrezcamos continuamente a Dios, por medio de Jesucristo, un sacrificio de alabanza, es decir, el fruto de los labios que confiesan su nombre» (Hebreos 13:15). De modo que como la vid da el fruto de sus uvas, nuestra boca debe dar el fruto de nuestra alabanza a Dios.

El efecto de la alabanza en nuestra mente y corazón es otra razón que justifica el porqué debemos alabar a Dios. Cada uno de nosotros necesita esperar en algo más allá de uno mismo. Cuando alabamos a Dios por su protección infinita, nos elevamos y nos acercamos a la perfección de Dios como nunca antes. La alabanza nos hace bien porque nos aleja de un espíritu pesimista. Nos aleja del quedarnos atascados en las circunstancias de la vida diaria que nos deprimen y coloca nuestra atención en algo mayor que la condición actual. La alabanza nos mantiene alejados del egoísmo y del negativismo.

La alabanza también es algo bueno por lo que nos enseña. Cuando aprendemos a alabar a Dios, dejamos de lado el estar inmersos en nosotros mismos para estar inmersos en Dios. Cuando aprendemos a dejar de alabar nuestros logros y nos concentramos en darle la gloria a Dios, que es el único *digno* de alabanza, comenzamos a crecer en gracia y a parecernos más a Jesucristo. Y a medida que aprendemos a hacerlo con mayor frecuencia, nuestra relación con Dios se hace cada vez más profunda. Por eso es que los primeros discípulos «estaban continuamente en el templo, alabando a Dios» (Lucas 24:53) y Pablo escribió el libro de Efesios «para alabanza de su gloriosa gracia» (Efesios 1:6).

Quizá el motivo más importante que nos lleve a alabar a Dios sea porque Él *quiere* nuestra alabanza y adoración. Como Jesús le declaró a la samaritana cuando estaban junto al pozo: «Así quiere el Padre que sean los que le adoren» (Juan 4:23). Sencillamente, debemos alabar a Dios porque así lo quiere Él. Dios anhela que nosotros lo anhelemos a Él.

Nunca alcanzaremos el nivel de alabanza que tienen los ángeles celestiales cuando alaban al Señor. Aun así, podemos orar como David cuando escribió: «Sean, pues, aceptables ante ti mis palabras y mis pensamientos, oh SEÑOR, roca mía y redentor mío» (Salmo 19:14). Y ya que nunca podremos alabar a Dios en el idioma de los ángeles, tal vez podamos alabar a Dios con las palabras de la Escritura. Así que, dejemos que la Palabra de Dios (que es perfecta) se convierta en nuestro medio para alabar. Usemos la Palabra de Dios tan seguido que las palabras de la Escritura lleguen a ser nuestras palabras[1].

EN DEFINITIVA, ¿QUÉ ES LA ALABANZA?

Cuando Jesús estaba en Betania en la casa de Simón el leproso, una mujer derramó sobre la cabeza de Jesús un vaso de alabastro de perfume. Lo hizo como un acto de amor y adoración, y Jesús le aseguró que su sacrificio se contaría «en memoria de esta mujer» a lo largo de la historia de la iglesia (Mateo 26:13).

¿Qué sucede cuando asistimos a reuniones donde se conmemora algún acontecimiento tales como esas que se realizan cada año en el día de los veteranos de guerra o las ceremonias que se hacen para recordar lo sucedido el 11 de septiembre de 2001? ¿Qué pasa cuando visitamos un lugar como el monumento Vietnam o el lugar en el que calleron las Torres Gemelas? Lo más probable es que nos acordemos de lo que pasó y hagamos ajustes, a veces profundos, en nuestra vida. Por lo tanto, cuando leemos la historia de la mujer que le dio a Jesús todo lo que tenía, ¿no nos debería traer a la memoria todo lo que Cristo ha hecho en nuestra vida y realizar los ajustes necesarios en la alabanza y la adoración que le ofrecemos?

Por supuesto, cuando la mujer derramó el ungüento sobre la cabeza de Jesús, muchos de los que estaban en la habitación se quejaron: «¿Para qué este desperdicio?» (Mateo 26:8, *RV-60*). Siempre habrá personas en este mundo que vean de esa manera nuestra alabanza a Dios. Se preguntarán por qué perdemos el tiempo yendo a la iglesia a adorar a Dios, o invertimos tiempo en la oración, o damos nuestro dinero al Señor, incluso por qué gastamos energías entonando canciones de adoración a Dios. Tal vez te hayas hecho la misma pregunta: «¿Para qué este desperdicio?». Si es así, escucha el reproche: «¿Por qué molestáis a esta mujer? pues ha hecho conmigo una *buena obra*» (v. 10, RV-60, énfasis añadido).

En definitiva, ¿qué es la alabanza? Es una *buena obra* que derramamos sobre Jesús.

TU TAREA

Bendice al Señor. Mencionamos en este capítulo que «bendecir» a alguien significa añadirle algún tipo de valor a la vida de esa persona. ¿Cuáles son las cosas que le ofreces a Dios que le «añaden valor»? ¿Qué puedes hacer hoy para bendecir al Señor por lo que Él es y ha hecho por ti?

Concéntrate en Dios. Cuando alabamos a Dios, quitamos la atención de nosotros y la colocamos en el lugar que debe estar, en Dios. Piensa en las cosas negativas que suceden en tu vida. Ahora, piensa en algo que Dios hizo en cada una de estas circunstancias para ayudarte a sobrellevar el problema. ¿Envió a un amigo con una palabra de aliento? ¿Aprendiste algo positivo de la experiencia? Piensa en maneras de concentrarte en los próximos días, sin importar lo que se te interponga en el camino.

Piensa en todas las grandes cosas que Dios hace por ti. Elabora una lista de todo lo que Dios ha hecho por ti o solo díselo en voz alta. Cuando le das gracias a Dios por estas cosas, lo engrandeces a Él. En el Salmo 34:3, David nos dice que «engrandezcan al Señor [...] exaltemos a una su nombre». Considera por un momento la palabra «engrandecer». Debido a que es imposible engrandecer a Dios, ya que a Él no se le puede hacer mayor, ¿qué significa engrandecer a Dios? Bueno, piensa en las personas que usan lentes para leer a fin de poder ver las letras pequeñitas del periódico. Los lentes no modifican el periódico en absoluto. Lo único que hacen es cambiar la percepción al ojo del lector. Asimismo, cuando engrandecemos al Señor, no lo hacemos mayor, sino que aumentamos nuestra percepción de

Él. Cuando en verdad engrandecemos al Señor, el resultado es que crecemos en nuestro entendimiento de Él y crecemos como creyentes.

Haz una lista de las muchas formas en que puedes engrandecer a Dios. Engrandeces a Dios cuando oras las Escrituras, cantas himnos o coros, o cuando, de alguna manera, ofreces algo de ti mismo. Tal vez no estés creciendo como cristiano porque no hayas aprendido en realidad a engrandecer a Dios. Mientras más engrandezcas a Dios, más crecerás. ¿No será que necesitas ampliar la perspectiva que tienes de Dios?

Alaba siempre a Dios. David declaró: «Bendeciré al Señor en todo tiempo; mis labios siempre lo alabarán» (Salmo 34:1). A medida que vivas este día, repara de manera consciente en las pequeñas bendiciones que Dios pone en tu camino y elévale una breve oración de agradecimiento. (Si no puedes identificar alguna de estas bendiciones, vuelve a leer en este capítulo la sección «¿Por qué alabamos a Dios?»). ¿Qué harás para que parte de tu rutina diaria sea centrarte en las bendiciones de Dios y la alabanza a Él?

Nota

1. Para ayuda adicional sobre cómo orar o alabar a Dios a través de las palabras de la Escritura, consulta de Elmer Towns, *Praying the Psalms* (Destiny Image Publishers, 2004, Shippensburg, PA). Puedes pedir este libro en www.destinyimage.com o en www.elmertowns.com.

CAPÍTULO SIETE

establece un tiempo y un lugar para la oración

Mas tú, cuando ores, entra en tu aposento,
y cerrada la puerta, ora a tu Padre
que está en secreto; y tu Padre que ve en lo secreto
te recompensará en público.

MATEO 6:6, RV-60

Abro los ojos. Desde las sábanas tibias, diviso el despertador digital. Los iluminados números me indican que son las cinco y cincuenta y cinco de la mañana. Me duelen los músculos porque la noche anterior me acosté muy tarde... nunca siento que duermo lo suficiente. A pesar de que mi cuerpo está medio dormido, mi mente ya está en marcha. Comienzo a pensar en todas las cosas que tengo que hacer hoy.

Alcanzo el despertador y lo apago. La alarma está programada para las seis de la mañana, pero por algún motivo mi mente está programada para despertarse unos minutos antes de que suene. Estiro los brazos y las piernas y, luego, doblo la colcha hasta la cintura. Una ráfaga de aire fresco me despierta. Mi cuerpo y mi mente están en la misma sintonía. Estoy listo para orar.

Establece un tiempo para la oración

Algunas personas me dicen que no pueden orar en la cama. Afirman que si no se levantan, se duermen. Sin embargo, una vez que abro los ojos, mi mente comienza a filtrarse y estoy listo para empezar. De forma instintiva, empiezo a orar:

> *Padre nuestro que estás en los cielos*... que tu nombre sea santificado en mis tareas de hoy... como tu nombre es santificado en los cielos.
>
> *Venga tu reino*... que tú reines en mi vida en la tierra como reinas en el cielo.
>
> *Hágase tu voluntad*... permite que se haga tu voluntad en mis estudios... en mis enseñanzas... en mis consejos... como se hace a la perfección tu voluntad en el cielo.
>
> *Dame mi pan diario*... concédeme fortaleza física en cada una de mis necesidades de este día.
>
> *Perdona mis pecados*... y perdona las consecuencias de mis pecados, incluso mis acciones e intenciones... y perdona a otros como tú me perdonaste a mí.
>
> *No me metas en tentación*... no permitas que el pecado me agobie, sino dame la victoria hoy.
>
> *Líbrame del maligno*... protégeme del daño físico y espiritual.
>
> *Porque tuyo es el reino*... reconozco tu control soberano sobre mi vida.
>
> *Tuyo es el poder*... reconozco que eres capaz de hacer todas esas cosas.
>
> *Tuya es la gloria*... te doy el crédito por cada respuesta.
>
> En el nombre de Jesús. *Amén.*

Por lo general, antes de levantarme, oro el Padrenuestro así. Me lleva alrededor de un minuto. Ahora, ya estoy listo en lo espiritual para comenzar el día. No obstante, esa oración que hago mientras estoy en la cama no forma parte del tiempo de oración principal... es solo una oración «matinal» para empezar bien el día.

Me destapo y me pongo un pantalón y una camiseta de franela (la bata no me abriga demasiado). Bajo las escaleras, preparo café en la cafetera (lo suficiente como para mí y mi esposa, Ruth), tomo mis vitaminas y después corro hasta el buzón para buscar el periódico. Una vez que hago todo esto, me sirvo café (sin azúcar, solo con un poco de crema) y enciendo el televisor, pongo las noticias *Headline News* para ver lo que sucedió en el mundo durante la noche. En unos quince minutos, termino mi café, leo el diario y me pongo al día con lo que sucede en el mundo.

Luego, sirvo otras dos tazas de café (una para mí para tomar mientras leo la Biblia y otra para mi esposa). Subo las escaleras, la despierto y dejo la taza de café en la mesa de noche, junto con el diario. Cuando el clima es cálido y las rosas están espléndidas, le llevo también una rosa carolina amarilla para iluminarle el día.

Una vez que Ruth se despierta, voy a mi oficina para tener el devocional de todos los días. En realidad, no tengo una rutina para ese momento... a veces comienzo con una oración, otras veces recito el Padrenuestro o canto algunos himnos. (Si tienes un himnario, puedes buscar himnos en forma de oración: son los que terminan con un «Amén»). También algunas veces busco directamente un pasaje de la Escritura.

Esta es mi rutina y la he descrito para que tengas una idea de lo que es un tiempo de oración. Tal vez seas una persona madrugadora que salta de la cama y tienes directamente un tiempo de oración. Si esa es tu costumbre, bien hecho; sigue así y no dejes que yo interfiera. O tal vez seas un búho y tengas hábitos nocturnos por lo que en la mañana te cuesta armar frases (mucho más si son oraciones), o quizá no tengas tiempo para hacerlo en ese momento. Si es así, es posible que te resulte mejor orar antes de ir a dormir.

Más allá del momento en el que ores, te animo a que al menos eleves una breve oración a Dios cuando te despiertes (tal como el Padrenuestro). Esto te llevará unos minutos y es una muy buena manera de comenzar el día enfocándonos en el Señor. ¡Recitar el Padrenuestro mientras estás en la cama es mejor que no elevar ninguna oración!

Establece un lugar para la oración

Una vez que fijas un tiempo habitual para orar, de seguro que descubrirás un lugar favorito para tener el tiempo de oración. En la Escritura se le conoce como «aposento», pero parece que este es un término simbólico que hace referencia a un lugar «tranquilo» o «privado» y no necesariamente a un lugar en el que se nos ordena que oremos. Quizá descubras que disfrutas de orar en el balcón, en la terraza, en el jardín, la mesa de la cocina, o en el altar de una capilla. Puedes orar en cualquier momento y en cualquier lugar.

Como dije, cada mañana mi encuentro con Dios es en la oficina. Sin embargo, cuando estaba en el primer año de la universidad, solía arrodillarme junto a mi cama en la mañana y en la noche. Como pastor de la iglesia presbiteriana Westminster en Savannah, Georgia, y con diecinueve años de edad, solía ir a un parque natural y orar en un refugio retirado fuera de la vista. Una vez allí, le decía a Dios lo que quería hacer en la iglesia y cada día Él me daba las instrucciones con respecto a lo que debía predicar o enseñar.

Cuando me convertí en el pastor de la iglesia *Faith Bible* en Dallas, Tejas, mi lugar preferido para encontrarme con Dios era en lo alto de un malecón que separaba el río Trinity de la población conocida como West Dallas. La noche que me llamaron para que me hiciera cargo de esa iglesia, fui a lo alto de ese malecón, contemplé esas casas y dediqué mi vida a Dios. Aunque ese día no oré allí, a menudo regresaba a ese lugar para orar por mi «Jerusalén».

En la Biblia, había dos lugares a los que Moisés le gustaba ir a orar: (1) el tabernáculo, porque allí sentía la presencia de Dios (lee Éxodo 40:34), y (2) la cima de la montaña, porque allí también podía sentir la presencia de Dios (lee Éxodo 19:20). Para Moisés, cualquier sitio era el lugar perfecto para orar.

¿Cuál es tu lugar preferido para orar? El de mi esposa es la sala familiar. Allí tiene su Biblia y su cuaderno. Tenemos una tía que le gusta orar en la solana. Una vez conocí a un hombre que le gustaba retirarse al sótano porque era un sitio privado y tranquilo. Desde luego, quizá el mejor lugar para orar sea hacia donde te lleven tus pies...

Caminata de oración

En 1978, a Ed Silvoso le diagnosticaron miastenia gravis, una enfermedad parecida a la esclerosis múltiple, de la familia de la enfermedad de Lou Gehrig. Cuando viajaba desde su casa en Argentina para someterse a un tratamiento experimental en San Francisco, Ed planeó invertir el resto de su vida en demostrar que Dios podía enviar un avivamiento en respuesta a la oración.

Ed había estado involucrado en la organización de las cruzadas que se realizaban en algunas de las mayores ciudades de América del Sur. Dirigió cruzadas multitudinarias con la participación de Billy Graham y Luis Palau, cuñado de Ed, en Buenos Aires, Río de Janeiro y otras ciudades importantes de América del Sur. Ed quería alcanzar a América del Sur, su continente natal, pero pronto se dio cuenta de que era algo que no sucedería de arriba hacia abajo; es decir, con cruzadas en grandes ciudades. Quiso empezar desde abajo para demostrar que el avivamiento comienza cuando el pueblo de Dios ora.

Cuando en 1980 los médicos le dijeron a Ed que estaba «levemente resistiendo» la enfermedad, decidió regresar a la Argentina, su país de origen. Una vez allí, empezó a reunir personas para que caminaran por cada cuadra de la ciudad de Rosario. Debían ir de dos en dos tal como Jesús envió a sus discípulos, y les ordenó que, mientras caminaban, oraran por la gente que vivía en cada casa por la que pasaban. Así surgió la caminata de oración, lo que Ed define como «orar en un sitio con discernimiento».

Después de tres meses de caminata de oración, Ed les indicó a los intercesores que fueran casa por casa con un cuaderno y dijeran: «Todos los días hemos caminado por esta cuadra orando por usted». También les sugirió que, a la gente que encontraran, le preguntaran: «¿Por qué quieres que oremos?»[1].

Sin que Ed Silvoso lo supiera, este fue el comienzo de un cambio radical en la Argentina. En 1980, solo el uno por ciento de la población era cristiana evangélica. En el año 2003, el Ministro del Interior de ese país me contó que los grupos evangélicos ahora representaban el quince por ciento de la población. En algunas provincias, más del treinta por ciento de la población era cristiana evangélica. Cuando le pregunté al Ministro a qué se debía este crecimiento, solo me dijo: «Porque los evangélicos oran»[2].

Desde que Ed Silvoso acuñó la frase «caminata de oración», otros han desarrollado variantes basándose en esta idea. Hoy existen los *viajes de oración*, en los que las personas caminan de un lugar a otro orando por necesidades específicas que encuentran en su camino. En muchas ocasiones, los peregrinos de oración han ido a lugares en el mundo que estaban en necesidad espiritual. Tal es el reciente caso de un grupo de cristianos que caminó la ruta de los cruzados que va desde Estambul (antigua ciudad de Constantinopla) a Jerusalén para celebrar el nonagésimo aniversario de las Cruzadas.

También hay *excursiones de oración*, en las que se viaja a un lugar que necesita oración. A finales de los años de 1990 y principios del siglo XXI, muchos cristianos han participado de este tipo de excursiones a ciudades que se encuentran dentro de la ventana 10/40 (región del mundo donde el setenta y cinco por ciento de las ciudades están pobladas por alrededor de un millón de personas). Debido a que en su mayoría predominan religiones no cristianas, los cristianos van de excursión y oran por la fundación de iglesias, el crecimiento del cristianismo y hasta por un avivamiento.

Todo esto muestra que no hace falta un lugar fijo para orar... Dios puede obrar milagros cuando intercedemos por otros aun mientras caminamos. En cualquier parte que esté Dios, ya sea en las calles de Rosario, Argentina, en el camino de las Cruzadas, en la ventana 10/40 o en nuestro vecindario, pueden suceder cosas increíbles cuando oramos.

¡Un lugar, un lugar, un lugar!

Algunos lugares son más cómodos que otros y no hay nada de malo en estar cómodos o relajados cuando entramos a la presencia de Dios. El lugar preferido puede ser una habitación, un cuarto exclusivo o un refugio privado y relajante en una montaña. Tampoco debemos pasar por alto esos lugares en los que Dios nos bendijo de alguna forma especial cuando oramos en situaciones pasadas. Cada vez que volvemos a ese lugar de oración, recordamos lo que Dios hizo por nosotros y el poder de ese recuerdo hace que nuestra expectativa crezca y que surja en nosotros el deseo de buscar a Dios una vez más. ¿No es la expectativa parte de la fe? La expectativa puede ser el primer paso para recibir lo que pedimos.

Esto no significa que siempre debamos buscar un lugar cómodo ni apreciado, ya que muchas veces tendremos que tomar nuestra cruz y seguir a Jesús. A veces las mejores oraciones nacen en los momentos más difíciles. Como alumno del Instituto Bíblico *Columbia*, recuerdo que el personal solía apagar la calefacción alrededor de las nueve y media todas las noches. Cuando me disponía a orar a las diez y media de la noche o más tarde, la habitación siempre estaba fría. El desafío era seguir orando en un cuarto frío u olvidarme de todo este asunto y meterme en la cama tibia e ir a dormir. Elegía orar, aunque no era cómodo hacerlo.

Creo que Dios se deleita en revelarse en ciertos lugares. Por algún motivo, el monte Sinaí (también llamado Horeb), donde Moisés se encontraba con Dios, fue uno de esos lugares. En ocasiones posteriores, Dios volvió a llamar a Moisés a ese monte. Más adelante, Dios llamó a Elías al mismo lugar (lee 1 Reyes 19:8-18). A menudo Jesús se encontraba con Dios en el huerto de Getsemaní. Parecía ser uno de sus lugares preferidos para orar.

Cuando existe un lugar en el que ya hemos estado con Dios, vemos que regresamos a ese sitio. Al final, se vuelve uno de los lugares preferidos para orar. Y allí practicamos lo que muchos hombres de Dios han hecho: apartarse para tener un encuentro personal con Dios.

TU TAREA

Descubre tu hábito de oración. Determina cuál es el horario que mejor te resulta y úsalo hasta que deje de dar resultado. No hay una fórmula prescrita que establezca el devocional diario. Solo existe el principio de hacerlo cada día con fidelidad. Puedes seguir la rutina que presenté en este capítulo o diseñar una personal.

Mira más allá del plan hacia la relación. Cuando te encuentras con un buen amigo, es probable que no sigan una estructura en la conversación... solo conversan. Así como lo que los mantiene unidos es una relación, la oración es el vínculo que te mantiene unido a Dios.

Haz que ese encuentro sea imprescindible. La clave de cualquier relación es encontrarse con la otra persona. Estar presente es más importante que el tema de conversación. Lo mismo sucede cuando nos encontramos con Dios a diario: la relación es más importante que lo que hagas primero, lo que ores primero o el modo en que te acerques a la Escritura.

Promete encontrarte con el Señor cada mañana. Es importante empezar el día concentrándose en Dios. Debido a que esta es la relación más importante del día, programa estar allí cada día. Tan solo preséntate y enseguida descubrirás qué hacer cuando te encuentres con Dios.

Haz una lista de los lugares para orar. Piensa en todos los lugares donde te gusta orar y luego elabora una lista de esos sitios en los que sientes la *presencia de Dios*. Que tu lista también incluya lugares que te inviten a la oración.

Haz un análisis de esos lugares. Analiza la lista y escribe razones por las que disfrutas más orar en algunos lugares que en otros. Por lo general, descubrirás que hay lugares que disfrutas más. Presta atención a ese lugar e intenta describir lo que sientes cada vez que vuelves a orar allí. Toma la decisión de regresar con regularidad.

Cuando no tienes ganas de orar. A todos nos sucede que hay momentos y circunstancias en los que no tenemos ganas de orar. Puede ser a causa del pecado, por una enfermedad, por distracciones o por muchas otras razones. Decide que cuando estos momentos perturben tu vida de oración, volverás a tu aposento para encontrarte con Dios.

Notas

1. Ed Silvoso, *Que nadie perezca*, Regal Books, Ventura, CA, 1994, pp. 31-35.
2. Viajé a Mar del Plata, Argentina, para hablar a unos diez mil pastores pentecostales carismáticos reunidos en un gran estadio. Esa noche, el Ministro del Interior, junto con el gobernador de la provincia, dirigió unas palabras a los evangélicos, incluso a otros alcaldes y dignatarios.

CAPÍTULO OCHO

postura en la oración

Luego el rey David se presentó ante el SEÑOR y le dijo: «SEÑOR y Dios, ¿quién soy yo, y qué es mi familia, para que me hayas hecho llegar tan lejos?».
2 SAMUEL 7:18

Cuando el 25 de julio de 1950 me convertí en cristiano, me arrodillé junto a mi cama a eso de las once y quince de la noche. Tenía las manos juntas en posición de oración y miraba al cielo por la ventana abierta al lado de mi cama. Oré: «Señor Jesús, nunca antes he hecho esto... ven a mi corazón y sálvame».

En ese instante sentí la respuesta a mi oración. Dios me dio la seguridad de que era su hijo. Me puse de pie de un salto y empecé a dar puñetazos al aire en la habitación oscura, mientras que en el silencio alababa a Dios: «¡Alabado sea Dios... Aleluya... Amén!». Mi exaltación externa reflejaba la seguridad interna de que Jesucristo había venido a mi corazón.

Nunca creí que Dios escuchara mi oración porque estaba de rodillas, con las manos juntas, ni porque mirara al cielo. Dios escuchó mis oraciones por la sinceridad de mi corazón. Sin embargo, durante muchos años, cuando oraba en privado, siempre me arrodillaba, primero junto a la cama en mi habitación de la universidad y más tarde junto a una silla en el estudio de mi casa. Mi postura externa siempre reflejaba una actitud interna hacia Dios. Me arrodillaba ante Dios porque Él es mi amo. Inclinaba mi rostro en reverencia a su majestad. Juntaba mis manos como señal de petición.

No obstante, en otros momentos, abría mis manos hacia el cielo en un gesto simbólico de estar recibiendo un regalo de Dios. En momentos de profunda miseria, me tendía ante Dios con el rostro en el suelo. Estos eran tiempos de ruego, súplica y llanto delante del Señor.

Algo sucedió cuando tenía sesenta y ocho años. Mis rodillas avejentadas empezaron a fallar. Cuando me arrodillaba para orar, me dolían tanto las rótulas que me costaba trabajo mantenerme concentrado en el Señor. Así que cambié de posición. Ahora, al orar, me pongo de pie en la oficina u oro mientras camino por la casa en la mañana temprano. Aun así, siempre me sentía culpable por no arrodillarme. Me parecía que no era reverente estando parado o caminando. De modo que regresé a la oficina y volví a arrodillarme, pero pronto apareció el dolor. Al poco tiempo, descubrí que no podía mantener mi mente concentrada en el Señor, los fuertes ataques de dolor atraían mi atención.

Al final, un día me di cuenta de que era legalista. Me obligaba a ponerme de rodillas por culpa interna y por lo que esperaban otros que hiciera. Me había olvidado de que Dios está más interesado en la posición del *corazón* que en la posición del *cuerpo*.

Empecé a sentarme para orar, pero aun así tenía una sensación de culpa. Sin embargo, enseguida Dios me mostró un versículo en la Biblia que, al final, se convirtió en el fundamento para vencer este problema de la postura: «Entonces el rey David entró y *se sentó* delante del Señor» (2 Samuel 7:18, LBLA). ¿Notaste cómo termina la oración? «Delante del Señor». Esa es la clave. Lo importante no es si cuando oras te arrodillas o te pones de pie. El asunto principal es si estás parado, arrodillado o caminando «delante del Señor». Así que, mientras mi atención esté puesta en Dios, me siento cómodo si oro sentado.

Ahora que aclaramos que no existe una posición «adecuada», echemos un vistazo a algunas posturas de oración que se mencionan en la Escritura.

De pie

Salomón es uno de los principales ejemplos de la Biblia de alguien que se ponía de pie para orar. «A continuación, Salomón se puso ante el altar del Señor y, en presencia de toda la asamblea de Israel, extendió las manos» (2 Crónicas 6:12). Las oraciones de Salomón eran eficaces y se convirtieron en un modelo para todo el que le gusta estar de pie cuando ora. En la Escritura también se hacen muchas referencias a otras personas que se ponían de pie al orar (lee Mateo 6:5; Marcos 11:25; Lucas 18:11, RV-60).

Los salmos están llenos de alusiones sobre permanecer en pie delante de Dios. Considera los siguientes versículos:

> Temblad, y no pequéis; meditad en vuestro corazón estando en vuestra cama, y callad. (Salmo 4:4, *RV-60*)

> Ustedes, que permanecen en la casa del Señor, en los atrios de la casa del Dios nuestro. (Salmo 135:2)

> No hay lugar en tu presencia para los altivos, pues aborreces a los malhechores. (Salmo 5:5)

> ¿Quién puede subir al monte del Señor? ¿Quién puede estar en su lugar santo? (Salmo 24:3)

La oración de pie tiene sus ventajas. Algunos me han dicho que cuando se arrodillan, sobre todo al costado de sus camas, tienden a quedarse dormidos. Algunos se duermen si tuvieron un largo día de trabajo. Sin embargo, la gente rara vez se duerme cuando está de pie delante de Dios. Muy pocas personas pueden dormirse de pie.

Tampoco olvidemos los momentos en que queremos elevar al Señor una oración informal o espontánea mientras estamos parados. Tal fue el caso de Eliezer, el siervo de Abraham al que se le dio el encargo de hallar esposa para Isaac. Eliezer viajó a la tierra de origen de Abraham y una vez allí, oró: «SEÑOR, Dios de mi amo Abraham, te ruego que hoy me vaya bien [...] Aquí me tienes, a la espera junto a la fuente» (Génesis 24:12-13). Y cuando el profeta Nehemías se paró ante el rey Artajerjes, oró: «SEÑOR, te suplico que escuches nuestra oración, pues somos tus siervos [...] que a este siervo tuyo le concedas tener éxito y ganarse el favor del rey» (Nehemías 1:11).

DE RODILLAS

Al parecer, cuando Salomón entró para dedicar el templo, comenzó a orar de pie, pero terminó de rodillas ante Dios:

> Salomón había estado ante el altar del SEÑOR, de rodillas y con las manos extendidas hacia el cielo. Cuando terminó de orar y de hacer esta súplica al SEÑOR, se levantó. (1 Reyes 8:54)

En la Escritura aparecen muchas ilustraciones de personas que se arrodillaron para orar. Esdras se postró de rodillas para orar (lee Esdras 9:5); Daniel se arrodillaba tres veces al día (lee Daniel 6:10); Esteban se arrodilló al interceder por quienes lo ejecutaban (lee Hechos 7:60); Pedro se arrodilló para orar por Tabita y la levantó de entre los muertos (lee Hechos 9:40); y Pablo oró con los ancianos, quienes se arrodillaron junto con él (lee Hechos 20:36).

También se menciona a Jesús arrodillándose en el huerto de Getsemaní la noche antes de morir: «[Jesús] se separó de ellos a una buena distancia, se arrodilló y empezó a orar» (Lucas 22:41). Si hubo alguien que no tenía necesidad de arrodillarse, ese fue Jesús: ¡Él es Dios! Sin embargo, puesto como ejemplo,

Jesús nos enseñaba a adoptar una postura externa adecuada que reflejara una actitud interna.

Inclinados

Inclinarse delante del Señor es una señal de respeto y es, en realidad, algo que se nos ordena hacer al adorar: «Vengan, adoremos e inclinémonos. Arrodillémonos delante del Señor, nuestro creador» (Salmo 95:6, *NTV*). En el Antiguo Testamento, Dios mandó a los israelitas que no se inclinaran ante los ídolos: «No te inclines delante de ellos [ídolos] ni los adores. Yo, el Señor tu Dios, soy un Dios celoso» (Éxodo 20:5).

Debemos rendir lealtad y reverencia a Dios postrándonos ante Él y solo ante Él. Es más, una de las señales que muestran una actitud incrédula y el rechazo de la persona de Dios es negarse a postrarse delante del Señor. Pablo les escribió a los Romanos: «Está escrito: "Tan cierto como que yo vivo —dice el Señor—, ante mí se doblará toda rodilla y toda lengua confesará a Dios"» (Romanos 14:11). Algo similar escribió en su carta a los Filipenses: «Para que ante el nombre de Jesús se doble toda rodilla en el cielo y en la tierra y debajo de la tierra» (Filipenses 2:10). Y Pablo les hizo ver a los filipenses que él doblaba sus rodillas ante el Padre como señal de un humilde acercamiento a Dios en oración (lee Efesios 3:14).

Postrados

La frase «postrados delante del Señor» significa, en esencia, yacer boca abajo en el suelo con los brazos extendidos en un acto de completa sumisión a Dios. El postrarse es la posición de sujeción al Señor por excelencia y simboliza el deseo de rendir la más profunda reverencia a Dios.

Cuando Israel pecó y Dios estuvo a punto de juzgarlos, Moisés y Aarón permanecieron postrados ante Dios (lee Números 14:5; 16:4, *RV-60*). ¿Qué fue lo que motivó una posición tan extrema? Tal vez Moisés supiera que Dios iba a traer un juicio severo sobre Israel por la desobediencia y la incredulidad (después de todo, estuvo cuarenta años en el desierto porque mató a un hombre). Cuando se enfrentó a las consecuencias más extremas, Moisés adoptó la más extrema posición para interceder en oración. Después que Job perdió todas sus riquezas y a sus hijos, se levantó, rasgó sus vestidos, se rasuró la cabeza y «se postró en tierra y adoró» (Job 1:20, *RV-60*). A Job lo habían despojado de todo en la vida y el sufrimiento extremo exigió una adoración extrema. Job se postró sobre su rostro delante de Dios.

Cuando Elías se batió a duelo con los profetas de Baal, oró para que descendiera fuego del cielo y consumiera el sacrificio. «¡Respóndeme, SEÑOR, respóndeme, para que esta gente reconozca que tú, SEÑOR, eres Dios, y que estás convirtiendo a ti su corazón!» (1 Reyes 18:37). Dios contestó la oración de Elías en una forma maravillosa: cayó fuego del cielo y consumió el sacrificio. A los falsos profetas los acorralaron y los despacharon, por así decirlo.

Fue una gran respuesta a la oración. Sin embargo, Elías quería algo más. Elías quería que Dios enviara lluvia del cielo, ya que hacía tres años y medio que no llovía sobre la tierra. Así que optó por postrarse ante el Señor. No solo se inclinó ante Dios, sino que también puso el rostro entre las rodillas. «Acab subió a comer y a beber. Y Elías subió a la cumbre del Carmelo, y postrándose en tierra, puso su rostro entre las rodillas» (1 Reyes 18:42, *RV-60*). Intenté esta posición varias veces y es muy difícil mantener la cabeza entre las rodillas por mucho tiempo. La sangre sube al cerebro y es muy incómodo.

Elías quería que Dios abriera los cielos y desatara un aguacero. Al parecer, mantuvo la cabeza entre las piernas lo suficiente como para enviar a su siervo a que mirara el cielo *siete veces*. En cada oportunidad, el siervo volvía y decía que no había nubes en el cielo (lee 1 Reyes 18:43).

Elías siguió orando. Al final, el siervo regresó y le dijo: «Desde el mar viene subiendo una nube. Es tan pequeña como una mano» (1 Reyes 18:44). Al instante, Elías supo que su oración se contestó: «Corre y dile a Acab: "Sube a tu carro y regresa a tu casa. ¡Si no te apuras, la lluvia te detendrá!"» (1 Reyes 18:44, NTV). ¿Y qué sucedió? «Poco después, el cielo se oscureció de nubes. Se levantó un fuerte viento que desató un gran aguacero, y Acab partió enseguida hacia Jezreel» (1 Reyes 18:45, NTV).

Con las manos juntas

¿Y juntar las manos para orar? Es probable que hayas visto el famoso cuadro que muestra a Cristo con las manos juntas en posición de oración. ¿Es verdad que Cristo hizo eso o es una suposición del artista? La posición tradicional de inclinar la cabeza, juntar las manos y cerrar los ojos no aparece en la Escritura. Sin embargo, se ha convertido en una tradición cristiana eficaz.

Los eruditos han hecho muchas sugerencias con respecto al origen de esta costumbre y cuándo comenzó. Algunos sostienen que es tan antigua como el período «postexílico», cuando llevaron cautivos a los judíos para Babilonia. Escritos rabínicos relatan cómo el rabino Abba Ben Joseph (*ca.* 280-352 a. C.) a menudo oraba con las manos juntas.

Algunos dicen que la práctica llegó a nosotros por medio de los sacerdotes que pronunciaban bendiciones en la sinagoga. Después que los sacerdotes extendían sus brazos, los juntaban tocándose la punta de los dedos de ambas manos. Esto representaba la unidad; si los sacerdotes separaban las manos, era símbolo de desunión.

Aun así, el origen de la costumbre de juntar las manos no es importante. Tampoco lo es si la práctica se menciona o no en la Escritura. La posición se trata de la actitud del corazón. Si preferimos cerrar los ojos, inclinar la cabeza y juntar las manos en la presencia de Dios, mostramos reverencia al Señor. (Además, ¡con los ojos cerrados es más difícil distraerse con lo que nos rodea!).

TU TAREA

Al orar, no te preocupes por la postura del cuerpo. Cuando te acercas a Dios, la postura del cuerpo no es lo más importante. La sinceridad del corazón y el amor por Él es lo que cuenta, así que concéntrate en tu relación con Dios.

Adopta una postura de adoración y respeto. No te acerques a Dios con ligereza ni de manera irrespetuosa. Si escribieras una carta de amor en un trozo de basura cuando tienes a disposición el mejor papel, ¿qué le transmites a la otra persona respecto a tu amor? Si fueras a ver a tu amado en un viejo y lento autobús cuando tienes a tu disposición un medio de transporte más rápido, ¿qué le comunicas a la otra persona? Adopta la posición que mejor refleje tu actitud hacia Dios.

Prueba distintas posiciones. El objetivo de este ejercicio no es que pruebes a fin de poder experimentar distintas sensaciones, sino que determines la mejor postura para ti. Utiliza el siguiente cuadro para evaluar las distintas posiciones en las que puedes orar:

	Cómodo/ Incómodo	**Útil/ Inútil**	**Todos los días/ En ocasiones**
Parado			
Arrodillado			
Sentado			
Con las manos juntas			
Con la cabeza inclinada			

	Cómodo/ Incómodo	Útil/ Inútil	Todos los días/ En ocasiones
Con el torso inclinado			
Postrado en el suelo			

En resumidas cuentas, no serás necesariamente eficaz en la oración *por la postura* que adoptes, sino que tu posición siempre debe reflejar la actitud del corazón.

CAPÍTULO NUEVE

La oración con otros

Además les digo que si dos de ustedes en la tierra se ponen de acuerdo sobre cualquier cosa que pidan, les será concedida por mi Padre que está en el cielo.

MATEO 18:19

Mi esposa y yo pasamos la universidad por fe. Si no hubiéramos orado juntos todos los días en medio de las dificultades, no sé cómo lo hubiéramos logrado. Ganaba un dólar la hora conduciendo un transporte escolar, suficiente para comprar lo básico. No nos alcanzaba ni para una gaseosa.

Una noche, lo único que había en la alacena de la cocina era una lata de atún, así que mi esposa preparó un guiso de atún. Mientras nos dábamos las manos para darle gracias a Dios por la comida, oré: «Dios, tú sabes que no tenemos más dinero. Sabes que faltan dos días para cobrar. Sabes que estamos dispuestos a ayunar hasta que consigamos dinero, pero te pedimos que te encargues de nuestras necesidades».

Cuando terminamos de orar, el hombre de la lavandería tocó la puerta. Ruth abrió y le dijo: «Lo siento, pero hoy no hay ropa sucia... no tenemos dinero para pagar el lavado».

«No, no vine a recoger la ropa sucia», respondió el hombre. «Hace algunos meses el dueño de su casa me pidió que les diera veinte dólares por haberle descongelado algunas cañerías. Me acordé hoy».

Algunos dirán que todo fue una coincidencia, pero Ruth y yo creemos que fue la oración que hicimos los dos juntos lo que hizo que este hombre recordara que tenía que darnos veinte dólares.

Acuerdo de oración

Jesús nos hizo una promesa increíble: que si dos se ponen de acuerdo para orar, vendrá la respuesta. «Además les digo que si dos de ustedes en la tierra se ponen de acuerdo sobre cualquier cosa que pidan, les será concedida por mi Padre que está en el cielo» (Mateo 18:19). La palabra griega que se utiliza en este versículo para «acuerdo» es la que origina nuestra palabra «sinfonía». Cuando dos personas se *ponen de acuerdo para orar*, ¡están tocando una hermosa melodía para Dios!

Podemos orar solos, pero también debemos aprender a *orar en armonía* con otros. Cuando oramos juntos y no hay acuerdo, quizá parezca un alarido a los oídos del Señor. Y si tú y tu compañero están en desacuerdo, lo más probable es que los dos estén equivocados. Muchas de las discordias de la vida pueden resolverse poniéndose de acuerdo con la otra persona en oración. Cuando dos se ponen de acuerdo, Dios responde.

Entonces, ¿qué es ponerse de acuerdo en oración? ¿En qué cosas debemos acordar con nuestro compañero? Lo que sigue es una lista de algunos de los puntos que deben tener en común.

1. Estén de acuerdo en que Dios puede responder cualquier oración

Primero, debemos estar de acuerdo en que Dios escucha nuestras oraciones y que tiene la capacidad de responder cualquier oración. «¿Acaso hay algo imposible para el Señor?», le preguntó Dios a Abraham cuando cuestionó si era posible que su esposa de avanzada edad podría tener un hijo (Génesis 18:14). Cuando dos personas conocen y confían en las promesas de la Palabra de Dios, su fe puede producir respuestas. Ten en cuenta que la palabra griega que se utiliza para «pedir» en Mateo

18:19 es *aiteo*, la cual significa solicitar o demandar respuesta a una petición. Hay muchas otras palabras que en la Biblia son sinónimas de oración (comunión, compañerismo, alabanza, adoración, confesión), pero cuando Dios nos dice que pidamos lo que necesitamos, debemos hacer lo que Él nos manda... *pedir*.

2. Estén de acuerdo en que Dios contestará la oración

El siguiente paso de este proceso es estar de acuerdo con nuestro compañero de oración en que Dios *responderá* la oración. Esto quiere decir no tan solo que debemos ponernos de acuerdo entre nosotros, sino también con Dios. Significa que tanto tú como tu compañero concuerdan con la voluntad de Dios.

3. Estén de acuerdo en la fe

Debemos tener fe de que Dios escuchará cuando oremos conforme a su voluntad. Con esta seguridad podremos orar «con fe», creyendo en nuestro corazón que Dios está deseoso de responder nuestras peticiones. Cuando hacemos tales *oraciones de fe*, podemos estar seguros de que Dios contestará aun antes de que le digamos una palabra. Lo sabemos por fe. Es importante destacar que más allá de que estemos de acuerdo con otros en oración, Dios solo responde cuando hemos cumplido las condiciones que Él establece. Podemos resumirlas de la siguiente manera:

- Pedimos con sinceridad
- Pedimos con fe, sabiendo que recibiremos una respuesta
- Seguimos pidiendo
- Pedimos de acuerdo con las Escrituras
- Pedimos en el nombre de Jesús
- Pedimos para glorificar al Padre
- Pedimos conforme a la voluntad de Dios
- Pedimos solo después que nos arrepentimos de nuestros pecados

4. Estén de acuerdo en la urgencia de la petición

Debemos estar de acuerdo en cuanto a la urgencia de la petición, así como también debemos procurar que los dos tengamos el mismo sentir. Una oración urgente es esa que comienza diciendo: «Señor, te necesitamos ahora mismo... si no intervienes, ocurrirá una tragedia». Solo cuando nos ponemos de acuerdo con nuestro compañero de oración en que necesitamos con urgencia y desesperación una respuesta de Dios, podemos orar con fervor.

5. Estén de acuerdo en ser sinceros por completo el uno con el otro

Los compañeros de oración necesitan ser del todo francos y sinceros entre sí. Muchas veces tenemos la sensación de que la otra persona vacila. Otras veces, podemos estar seguros de que nuestro compañero es cien por cien sincero con nosotros. La sinceridad es un elemento esencial para alcanzar un acuerdo en la oración.

6. Estén de acuerdo en confesar todo pecado

La Biblia declara que «todos han pecado y están privados de la gloria de Dios» (Romanos 3:23). No necesitamos ser perfectos para que nuestras oraciones reciban respuesta, pero tenemos que estar de acuerdo en no vivir en pecado. Con este fin, debemos arrepentirnos, confesar y deshacernos de todos los pecados conocidos en nuestra vida... y pedir perdón. «Sabemos que Dios no escucha a los pecadores, pero sí a los piadosos y a quienes hacen su voluntad» (Juan 9:31).

7. Estén de acuerdo en encomendar sus oraciones a Dios

Por último, debemos encomendar por completo nuestras oraciones a Dios y esperar su respuesta. La oración no debe ser una tentativa: «Dios, ¡me gustaría que respondieras esta oración!». Debemos también tener cuidado de no dar vueltas con pretextos que nos harán cambiar de opinión o planes por si las cosas no salen como pensamos. Orar de esta manera muestra falta de sinceridad. Si un joven invita a una chica a salir pero después agrega la condición: «Si no llueve» o «Si las cosas resultan», no es una invitación sincera. Necesitamos buscar a Dios con todo el corazón y no vacilar. «Me buscarán y me encontrarán, cuando me busquen de todo corazón» (Jeremías 29:13).

TU TAREA

Haz una lista de las personas con las que te sientes cómodo orando. Después que termines tu lista, marca los nombres de las personas que crees que se sientan cómodas orando contigo.

Ora por compañeros potenciales. Antes de pedirles a otros que oren contigo, ora para que Dios te guíe a las personas indicadas. A medida que comiences a orar por las personas en tu lista, descubrirás a los que tienen afinidad espiritual.

Habla con al menos una persona de la lista acerca de la idea de orar juntos. Explica tu deseo de ser un mejor intercesor y después coméntale por qué crees que podría ayudarte a aprender más acerca de la oración. Dile que has estado orando por su persona.

Fijen una hora y un lugar para encontrarse y orar. Comiencen por acordar una hora y un lugar donde encontrarse y, luego, comenten lo que dice Mateo 18:19. Quizá también quieras contarle los principios que aprendiste en este capítulo. Sin embargo, ten cuidado de que no se convierta en un monólogo de tu parte. Los dos deben sentir la carga por la oración.

Comprueben si poseen la misma carga por la oración. Lo que mantiene unidos a los compañeros de oración es el deseo y la carga de orar. Comprométanse a seguir orando juntos si ven que Dios los guía en esa dirección.

2

segunda parte:
INTERFERENCIAS EN LA LÍNEA

Lecturas devocionales sobre cómo orar en todas las circunstancias

Ahora que ya consideramos algunos aspectos fundamentales de la oración, podemos darle un vistazo a las cuestiones y los problemas que con frecuencia surgen cuando establecemos una relación de oración con Dios. Lo mismo que sucede con nuestras amistades y conocidos aquí en la tierra, cuando nos conectamos con Dios, es normal que pasemos por momentos de cambios drásticos que a la larga nos llevarán a una relación más profunda. En esta parte, veremos algunos problemas que a menudo enfrentamos cuando iniciamos una relación de oración con Dios, comenzando con el problema quizá más común: cuando pedimos y no recibimos.

CAPÍTULO DIEZ

cuando no recibimos

Sabemos que Dios no escucha a los pecadores, pero sí a los piadosos y a quienes hacen su voluntad.

JUAN 9:31

Mucha gente dice que Dios responde las oraciones de tres maneras: *sí*, *no* y *espera*. Sin embargo, quiero agregar una cuarta manera. Algunas veces, pienso que Dios dice: «¡Estás bromeando!»[1].

Ya sea que este sea el caso o no, es probable que lo que más nos moleste es que muchas veces le pedimos a Dios que provea para nuestras necesidades, pero no recibimos nada. Sin duda, la mayoría de nosotros podría pensar en varias oraciones que hemos hecho en nuestra vida y que Dios no ha contestado. Entonces, ¿cuál debería ser nuestra actitud ante este rechazo? Si le pedimos algo a Dios y Él no nos lo da, ¿cuál debería ser nuestra respuesta? ¿Deberíamos pensar que no tuvimos fe, que las condiciones de Dios no se satisficieron o que hay pecado en nuestra vida?

LAS PRUEBAS DE LA VIDA

Tenemos que recordar que si Dios respondiera cada una de nuestras peticiones, sin importar lo nobles que sean, no habría guerra, no habría crímenes, no habría enfermedad, ni habría muerte. En otras palabras, la tierra sería como el cielo. Sin embargo, ese no es el plan de Dios para el mundo.

Cuando Adán y Eva pecaron, metieron al género humano en una batalla contra Satanás. Por momentos, la batalla espiritual no va a favor nuestro. Dios puede lanzarnos a la lucha para probar nuestro valor y ver si permaneceremos obedientes a Él. Nos permite enfrentarnos al enemigo para que aprendamos a depender de Él y alcanzar la victoria final. Permite que nos derroten para que busquemos su presencia en momentos difíciles. La vida es una prueba y es muy importante que obtengamos un buen resultado.

Si un escultor no le quita poco a poco lascas al mármol, nunca podrá crear una estatua hermosa. Si un orfebre no arroja el mineral a una caldera, nunca podrá refinar el oro para transformarlo en un objeto de belleza. Si el carpintero no afila sus herramientas, nunca estará en condiciones de cortar un trozo de madera y confeccionar los muebles de su casa. «Amados hermanos, cuando tengan que enfrentar problemas, considérenlo como un tiempo para alegrarse mucho porque ustedes saben que, siempre que se pone a prueba la fe, la constancia tiene una oportunidad para desarrollarse» (Santiago 1:2-3, NTV).

¿Alguna vez has orado para que Dios quitara el cincel mientras debilitaba la avaricia, el orgullo o el pecado? ¿Alguna vez te has quejado de que Dios no respondía tus oraciones pidiendo consuelo mientras Él avivaba la llama que te haría tan puro como el oro? ¿Alguna vez has orado para que Dios quitara la piedra de afilar mientras Él te moldeaba para servir y trabajar en su reino? ¿No te alegra saber que el Artífice Divino no respondió tus oraciones en esas circunstancias, sino que continuó esculpiendo tu vida transformándote en una hermosa creación suya? Queremos todo lo que pedimos sin excepción. Sin embargo, algunas veces sería bueno buscar la voluntad de Dios en el asunto.

En momentos difíciles de prueba, debemos aprender la lección de la *obediencia ciega*. Necesitamos seguir orando aun cuando parezca que no sucede nada y aun cuando sintamos que debemos clamar: «¿Por qué me rechazas, Señor? ¿Por qué escondes de mí tu rostro?» (Salmo 88:14). A veces, Dios esconde su rostro de nosotros porque quiere poner a prueba nuestra obediencia. Quiere saber que lo vamos a seguir ciegamente y que continuaremos confiando en Él aun cuando no obtengamos los resultados que buscamos.

En realidad, hay dos clases de fe: *fe inicial* y *fe continua.* La fe inicial es una fe salvadora muy simple que nos pone en contacto con Dios. Empezamos nuestra primera relación con Dios poniendo la confianza, o fe, en Él y en su Palabra. La fe continua, no obstante, es mucho más compleja. Implica caminar a cada momento con Dios y creer en su gracia y amor aun cuando pareciera que Él está ausente.

Pensemos en esto desde el punto de vista de la relación que tienen marido y mujer. Al principio, cuando se conocen y se enamoran, disfrutan de un contacto continuo y forman una relación basada en la confianza inicial que se tienen entre sí. No obstante, si más tarde la pareja pasa por momentos de separación, deben depender de la confianza inicial y no dudar del amor que se profesan... de lo contrario, la relación no sobrevivirá. Asimismo, cuando nos sentimos alejados de Dios, necesitamos caminar en una fe continua y no dudar en la oscuridad de lo que hemos aprendido en la luz. Porque Dios ha prometido: «Con amor eterno te he amado» (Jeremías 31:3).

Cuando no sentimos la presencia de Dios, debemos confiar en su persona. Debemos seguir el consejo: «Confía en el Señor de todo corazón, y no en tu propia inteligencia» (Proverbios 3:5). Debemos llegar hasta el punto de poder decir: «No entiendo lo que sucede ni por qué me están probando, pero sé que Dios me ama. Elijo seguir a Dios y obedecerlo de manera ciega».

Las promesas de Dios en la Escritura

Desde luego, puede ser muy frustrante cuando leemos en la Biblia que Dios promete conceder nuestras peticiones y, aun así, no recibir nada de Él. Este asunto causa problemas en particular cuando nos encontramos con versículos como el de Juan 15:7, donde Cristo afirma: «Si ustedes permanecen en mí y mis palabras permanecen en ustedes, pueden pedir lo que quieran, ¡y les será concedido!» (NTV). Entonces, si podemos pedir *cualquier* cosa que deseemos, ¿por qué Dios no ha respondido nuestra oración?

Por lo general, el problema yace en la interpretación que hacemos de estas promesas incondicionales *en apariencia* de la Biblia. Toma nota de que dije *en apariencia*. La primera regla de interpretación bíblica es que la Biblia se interpreta por sí misma y, por lo tanto, no podemos tomar una promesa o un versículo aislado del resto de la Escritura. Lo que quizá parezca una promesa incondicional en un versículo, tal vez tenga condicionamientos, en realidad, en otros pasajes de la Biblia.

Por ejemplo, Juan 14:14 declara que si pedimos algo en el nombre de Dios, se nos dará respuesta. No obstante, el Salmo 66:18 sugiere que si no hemos confesado el pecado que hay en nuestro corazón, el Señor no escuchará nuestra petición. El problema de tener un corazón impuro es que opaca nuestra comprensión de la voluntad de Dios, de modo que nuestras peticiones son contrarias a la voluntad de Dios. Así que parece que una de las condiciones para que Dios conceda nuestras peticiones es que debemos tener un corazón limpio. Otra parte de la Escritura detalla este aspecto:

> Ustedes no tienen, porque no se lo piden a Dios. Y cuando piden, lo hacen mal, porque lo único que quieren es satisfacer sus malos deseos. (Santiago 4:2-3, TLA)

Cuando detrás de nuestras peticiones hay motivos equivocados, no somos sinceros con Dios y no pedimos con fe.

Veamos otro ejemplo. Marcos 11:24 declara que cada vez que pedimos algo, debemos creer que lo recibiremos. Esto parece indicar que cuando la fe es lo bastante sincera, podemos esperar que Dios conceda cualquier petición. No obstante, la sinceridad sola no basta: nuestras oraciones deben estar combinadas con la verdad bíblica. Dios responde oraciones cuando pedimos con fe de acuerdo con la Palabra de Dios.

Consideremos en Juan 21 la historia de los discípulos cuando salieron a pescar. Pasó toda la noche y los discípulos no habían atrapado ni un pez. Al salir el sol, vieron a Jesús parado en la orilla.

> [Jesús] les preguntó:
> —Amigos, ¿pescaron algo?
> —No —contestaron ellos.
> Entonces él dijo:
> —¡Echen la red a la derecha de la barca y tendrán pesca! (vv. 4-6, *NTV*)

En el instante que los discípulos obedecieron las palabras de Jesús, recibieron más peces de los que podían contener las redes. La Palabra de Jesús, ya sea hablada o escrita, es la Palabra de Dios. No fue la sinceridad de los discípulos lo que hizo que pescaran. Fue la obediencia. Obedecieron lo que Dios les dijo y recibieron.

Peticiones falsas y absurdas

Algunas veces las personas piden cosas que, si Dios las concediera, irían en contra de la misma naturaleza divina. Una vez me tocó aconsejar a una señora que oraba para que desapareciera su embarazo indeseado. Esa es una oración que Dios no respondería. No podemos orar para que no suceda el ayer.

Tampoco podemos pedirle a Dios que vaya en contra de las leyes de la naturaleza que Él estableció en el mundo. Una vez oí decir a un predicador: «¡Todo lo puedo en Cristo! ¡Hasta puedo caminar en el aire!». Aquel hombre esperaba en serio que Dios lo hiciera volar. Al saltar de una silla por «fe», fue a dar directo al piso. Dios obra a través de sus leyes y es raro que Él rompa alguna de ellas. Una de esas ocasiones fue cuando Dios detuvo la luna y el sol para que los israelitas pudieran derrotar a los amonitas. Sin embargo, aun en ese caso, la Biblia afirma: «Nunca antes ni después ha habido un día como aquel» (Josué 10:14).

Sucede lo mismo con las oraciones que contradicen la naturaleza del tiempo. Un adolescente podría pedirle a Dios que le dé un cuerpo fuerte de la noche a la mañana, pero su oración quedaría sin respuesta. Las leyes de la fisiología afirman que la fuerza muscular se adquiere con el tiempo, haciendo ejercicio y llevando una dieta adecuada. Aun cuando Dios responde nuestras oraciones al instante, a menudo lleva un tiempo para que nos demos cuenta de que se nos concedió la petición. Por ejemplo, si le pedimos dinero a Dios, Él puede responder de inmediato esa oración, pero tomará su tiempo que alguien llene un cheque y lo envíe. Necesitamos ser prudentes en cuanto a pedirle a Dios que responda de manera *inmediata*.

En otras ocasiones, puede que Dios no responda nuestras peticiones porque quiere que nosotros *hagamos algo*. Podemos orar para que nuestros amigos experimenten la salvación, pero hasta que no tomemos la iniciativa y les hablemos del evangelio, seguirá siendo una petición muy falsa. En verdad, ¿podemos pedirle a Dios que atraiga gente a la iglesia sin que primero nosotros la invitemos?

Algunas veces Dios no responde nuestras oraciones porque pedimos cosas que van en contra del vasto panorama que tiene Él. Pedimos cosas que nos causarían daño o que no serían de provecho para nuestra vida. Antes de conocer a mi esposa, salí con varias chicas del Instituto Bíblico. Pensaba que todas eran hermosas, espirituales y que serían buenas esposas para mí. Tenía una visión corta cada vez que oraba y le pedía a Dios que me concediera el corazón de cada una de ellas. Dios no respondió. Ahora, después de cincuenta y dos años de estar casado con la compañera perfecta, ¡alabo a Dios porque no contestó esas oraciones!

Algunas oraciones no reciben respuesta porque caen dentro de lo que es el «misterio de Dios», el propósito desconocido de Dios. Cuando oro por la gente enferma, algunos se mejoran y otros mueren. Nadie entiende por qué pasa esto. Si entendiéramos todos los misterios de Dios, siempre oraríamos de acuerdo con su voluntad, pero no los entendemos, de modo que no podemos orar así. «Ahora vemos de manera indirecta y velada, como en un espejo; pero entonces veremos cara a cara. Ahora conozco de manera imperfecta, pero entonces conoceré tal y como soy conocido» (1 Corintios 13:12).

TU TAREA

Piensa en algunas oraciones que te alegra que Dios no contestara. A menudo es divertido mirar hacia atrás a nuestras peticiones del pasado y darnos cuenta del porqué Dios no las concedió. Con el tiempo, solemos darnos cuenta de lo tontas que eran algunas de esas oraciones o en qué lío estaríamos metidos si Dios hubiera decidido responder esos motivos absurdos. Confecciona una lista de esas peticiones descabelladas y, luego, ríete de ti mismo. No solo disfrutarás el momento, sino que quizá también podrás crecer espiritualmente mientras aprendes a no volver a hacer esas peticiones.

Escribe una lista que te hará llorar. Piensa en algunos de esos momentos en los que le pediste a Dios algo impulsado por razones indebidas o deseos egoístas. Quizá fuera algo que, en definitiva, te causara dolor o sufrimiento. Te sentirás culpable a medida que escribas esos motivos, pero también aprenderás lo que no debes pedir en el futuro.

Pide una fe ciega. Siempre hay una razón por la que Dios no responde ciertas peticiones, pero no siempre somos capaces de entenderla. Pide fe para confiar en Dios cuando Él no responda tus oraciones. Así, aceptarás su respuesta como la mejor.

Lee la historia de algunos personajes de la Biblia que pasaron por un período de prueba. Algunos ejemplos incluyen a:

- Job, quien soportó gran sufrimiento (lee Job 1—2)
- José, vendido como esclavo a Egipto y olvidado en una cárcel (lee Génesis 37—40)
- Moisés, que pasó cuarenta años en el Sinaí debido al llamado de Dios para liberar a Israel (lee Éxodo 1—4)

- David, que estuvo trece años huyendo de Saúl (lee 1 Samuel 18—24)

Estudia el carácter de Dios. Los siguientes pasajes te ayudarán a entender algunos atributos de Dios. Cada vez que no puedas sentir la presencia de Dios o siempre que dudes de su amor hacia ti, lee estos pasajes para que puedas continuar caminando por fe en el Señor.

Atributos	Pasajes bíblicos
Omnipotente (Todopoderoso)	Génesis 18:14; Jeremías 32:27; Job 42:2; Salmos 19:1-6; 33:6-12; 135:5; Mateo 19:26; Marcos 14:35; Lucas 1:34-37; Romanos 1:20; 4:18-21; 1 Corintios 6:14; Efesios 1:18-21; 3:20-21; Apocalipsis 4:11; 5:11-12
Compasivo	Éxodo 33:19; Salmos 86:15; 103:13; 145:8-9; Lamentaciones 3:22; Miqueas 7:18-19; Mateo 9:36; 14:14; 15:32; 18:27; 20:34; Marcos 1:41; 6:34; Lucas 1:78; 7:13; 10:33; 2 Corintios 1:3; Santiago 5:11
Eterno	Deuteronomio 33:27; Salmos 29:10; 33:11; 48:14; 102:27; Isaías 40:28; 44:6; 57:15; Daniel 4:35; Romanos 1:20; 1 Timoteo 1:17; 2 Pedro 3:8; Apocalipsis 1:8; 4:8-11
Fiel, confiable	Éxodo 15:11; 36:6; Levítico 11:44; Deuteronomio 7:9; 32:4; Josué 21:45; 1 Samuel 2:2; Salmos 5:4; 18:30; 25:10; 33:4; 86:15; 91:4; 92:15; 100:5; 117:2; 119:89; Proverbios 9:10; Isaías 6:3; Lamentaciones 3:22-23; Lucas 1:49; Juan 17:11; 1 Corintios 10:13; 2 Tesalonicenses 3:3; Hebreos 10:23; 1 Juan 1:9; 1 Pedro 1:15; Apocalipsis 4:8; 6:10
Imparcial	Deuteronomio 10:17; 2 Crónicas 19:7; Job 34:19; Hechos 10:34; Romanos 2:6; 10:12; Gálatas 2:6; Efesios 6:9; Colosenses 3:25; 1 Pedro 1:17
Incomprensible	Job 11:7-9; Eclesiastés 3:11; Isaías 40:12-14, 25-26; 55:8-9; 1 Corintios 2:16
Inconmovible, inmutable	1 Samuel 15:29; 1 Romanos 8:56; Job 23:13; Salmos 33:11; 102:26-27; Isaías 14:24; Eclesiastés 3:14; Malaquías 3:6; Hebreos 6:17-18; Santiago 1:17

Nota

1. Dave Earley, *The 21 Most Effective Prayers of the Bible*, Barbour Publishing, Inc., Uhrichsville, OH, 2005, p. 8.

CAPÍTULO ONCE

cuando nos sentimos abandonados

«¡Oh Dios, Roca mía!», clamo, «¿por qué me has abandonado? ¿Por qué tengo que sufrir estos ataques de mis enemigos?».

SALMO 42:9, LBD

¿Alguna vez has mantenido una conversación con un amigo donde parecía que no llegaba el mensaje? Tal vez sea la sensación que tengas cuando miras a un amigo a los ojos y te das cuenta de que los ojos de tu amigo no se iluminan cuando le hablas. La percepción de ese rostro inexpresivo te hace sentir como si hablaras con la pared. En lugar de ser una caja de resonancia en la que las ideas vuelvan hacia ti, tus palabras solo rebotan y caen inertes al suelo.

En algún momento de la vida, cada uno de nosotros ha tenido esta sensación con respecto a Dios. Al igual que hablar con un amigo indiferente, buscamos a Dios en oración y le presentamos nuestras peticiones, pero es como si esas peticiones llegaran a oídos sordos. Como mencioné en el capítulo anterior, ya que no comprendemos todos los misterios de Dios, no siempre podemos entender por qué nuestras oraciones quedan sin respuesta. Y, sin duda, esto nos puede llevar a creer que Dios nos ha abandonado.

Abandono y duda

Algunas veces nos sentimos abandonados porque nos abandonaron en realidad. Tal vez hayamos pasado por momentos difíciles ante la pérdida de un trabajo, o sufrimos una enfermedad o alguna otra crisis, y nadie ha venido a darnos ánimo. Nos sentimos solos y abandonados por completo, y las dudas y las preguntas nos desconciertan. Al igual que Job, quien con seguridad supo lo que era el abandono, clamamos: «Dios, ¿dónde estás?».

Cuando nos sentimos abandonados, queremos una respuesta. ¡Cualquier respuesta! Incluso si fuera un no, al menos nos daría la seguridad de que Dios nos oye. A veces es como si Dios no estuviera allí cuando oramos. Entonces, ¿qué pasa cuando nos sentimos *abandonados*? Bueno, es posible que dudemos del amor de Dios. Cuestionamos si Él nos oye e, incluso, si Él existe.

Tal fue el caso de Tomás, el discípulo incrédulo. En el día de resurrección, Jesús se les apareció a los discípulos, pero Tomás no estaba allí (lee Juan 20:24). ¿Dónde estaba? Cuando arrestaron a Jesús, Tomás, al igual que los otros discípulos, huyó y se escondió. Podemos imaginar a los discípulos en cuevas, armarios o entre los árboles de un bosque. Es posible que juzguemos con dureza a Pedro por negar a Jesús, pero al menos él no huyó de la escena... se sentó en el patio donde juzgaban a Jesús (lee Mateo 26:69).

Al parecer, Tomás huyó más lejos y encontró un mejor escondite; tan lejos que por un momento estuvo inasequible por completo. Así que en el día de resurrección, cuando Jesús se les apareció a diez de los discípulos y «les mostró las manos y el costado» (Juan 20:20), los discípulos tuvieron la oportunidad de revisar las heridas y entendieron lo que vieron (la palabra griega «mostrar» que se utiliza en este versículo es *deiknúo*, que no solo significa «mirar», sino también «comprender» lo que uno está viendo).

Durante la siguiente semana, los discípulos le contaron a Tomás que vieron al Señor. Sin embargo, como Tomás no lo vio ni revisó sus heridas, dudó: «Mientras no vea yo la marca de los clavos en sus manos, y meta mi dedo en las marcas y mi mano en su costado, no lo creeré» (Juan 20:25). Se sintió abandonado y dejado de lado. Sin duda, ¡era un incrédulo!

¿Eres como Tomás? ¿Te sientes abandonado y excluido de las promesas de Dios? ¿Sientes que Dios te ha abandonado y dudas de lo que Él te ha prometido? ¿Te gustaría que Jesús te dijera: «Pon tu dedo aquí y mira mis manos. Acerca tu mano y métela en mi costado. Y no seas incrédulo, sino hombre de fe» (Juan 20:27)?

El abandono provoca en nosotros un sentimiento de soledad. Quizá David expresara esta sensación de la mejor forma cuando exclamó: «Dios mío, clamo de día y no me respondes; clamo de noche y no hallo reposo» (Salmo 22:2). Sin embargo, en vez de dejar que nuestros sentimientos nos lleven a dudar del amor de Dios, deberíamos preguntar algo más profundo: «Dios, ¿por qué no te preocupas por mí?». Nuestra oración debería ser la del salmista: «¿Por qué me has olvidado? ¿Por qué debo andar de luto y oprimido por el enemigo?» (Salmo 42:9).

¿En verdad nos abandonaron?

En algún momento, cada uno de nosotros se ha sentido abandonado por Dios, y quizá muchos hasta han dudado del amor de Dios durante esos momentos. Sin embargo, ¿en verdad Dios nos ha abandonado?

Tal vez lo cierto sea que Dios no nos haya abandonado, sino que nosotros lo hemos abandonado a Él. Es como el niño que sale fuera y pregunta a dónde se fue su mamá. Está sentada a la mesa de la cocina, pero el niño está tan ocupado buscándola en cualquier otro lugar que no se da cuenta de que necesita *entrar* para encontrar a su mamá. Cuando nos sentimos abandonados por Dios, necesitamos asegurarnos que lo buscamos en el lugar apropiado.

O tal vez la razón sea que ahogamos a Dios con nuestra charla. Puede que Dios deje de hablarnos hasta que nos tranquilicemos. Cuando estemos quietos delante de Dios y pendientes de su voz, es más factible que lo escuchemos. Solo cuando todo está en silencio, podemos examinar nuestro corazón con sinceridad y sacar a la luz todo lo que pueda estar bloqueando la conexión con el Señor, tal como algún pecado oculto allí.

De manera similar, puede que Dios nos «abandone» para que así podamos analizar nuestras intenciones y considerar si a nuestras oraciones las guían motivos indebidos. Como dijimos en el capítulo anterior, cuando detrás de nuestras peticiones hay motivos equivocados, no somos sinceros con Dios y no pedimos con fe. La ausencia de Dios puede ser un indicador de que Él quiere que hagamos un examen del corazón.

Por supuesto, el sentimiento de abandono puede derivar de una idea equivocada de Dios. Quizá pensemos que Dios siempre responderá nuestras oraciones en cualquier momento y de la forma que deseemos. En el capítulo anterior vimos que esto no es así. No podemos controlar a Dios y no siempre Él responde porque llamemos. A veces Dios sabe que necesitamos pasar una noche a solas para que podamos estar más cerca de Él.

En busca de Dios

¿Cómo hacemos para restablecer la conexión con Dios cuando sentimos que Él nos ha abandonado? ¿Por dónde empezamos? ¿Qué podemos decir cuando hay interferencias en la línea? Un buen lugar para comenzar es la Palabra de Dios. En 2 Timoteo 3:16, Pablo escribe:

> Toda la Escritura es inspirada por Dios y es útil para enseñarnos lo que es verdad y para hacernos ver lo que está mal en nuestra vida. Nos corrige cuando estamos equivocados y nos enseña a hacer lo correcto.
> (2 Timoteo 3:16, *NTV*)

«Aliento de Dios» es el significado literal de la palabra que en este versículo se utiliza para «inspirada». Dios infundió su presencia en la Biblia, así que cuando leemos su Palabra, nuestra mente queda expuesta a la presencia de Dios. En el momento en que descubramos a Dios en las páginas de la Biblia, ya no nos sentiremos abandonados.

¿Qué deberíamos decir cuando nos sentimos abandonados? Quizá sería bueno comenzar señalando lo que *no* deberíamos decir. Debemos tener cuidado de no ofrecer una oración de queja, culpando a Dios por habernos abandonado. «Yo, SEÑOR, te ruego que me ayudes; por la mañana busco tu presencia en oración. ¿Por qué me rechazas, SEÑOR? ¿Por qué escondes de mí tu rostro?» (Salmo 88:13-14). A veces le echamos la culpa a Dios por habernos dejado cuando los culpables *somos nosotros* en realidad.

En lugar de culpar a Dios, ¿por qué no pedirle que nos hable? Como escribió el salmista: «Oh Dios, alabanza mía, no guardes silencio» (Salmo 109:1). Tal como el niño que busca a su mamá, necesitamos gritar: «¡Estoy perdido!» y, luego, clamar por la presencia de Dios. No hay nada que tenga un efecto tan purificador como estas dos simples palabras. Necesitamos pedirle a Dios que nos hable y después esperar en silencio y *escuchar* lo que Él tiene que decirnos. Tampoco debemos olvidar que Dios escucha más nuestras oraciones cuando le *entregamos todo* a Él.

La oración de abandono

Todos necesitamos aprender la oración del abandono. Cuando Jesús se preparaba para hacer la voluntad del Padre y sufrir la muerte en la cruz, entendió las terribles consecuencias que tenía por delante. Entendió que sus acusadores lo torturarían, lo maltratarían y se burlarían de Él. Se dio cuenta de que en unas pocas horas Él, que había llevado una vida sin pecado, cargaría con toda la grosería y la iniquidad que representaba la cruz. Lo peor de todo era que Jesús entendía que cuando estuviera en la cruz, estaría solo por completo, ya que Dios el Padre, siendo santo, no soporta la presencia del pecado. No es de extrañar que la noche antes de su muerte Jesús orara: «Padre, si quieres, no me hagas beber este trago amargo; pero no se cumpla mi voluntad, sino la tuya» (Lucas 22:42).

Está claro que la verdad es que Jesús no quería padecer el sufrimiento que le aguardaba y que quería que su Padre le quitara esta carga. ¡Todos deberíamos estar agradecidos que esta oración no recibió respuesta! Si Dios hubiera elegido librar al Hijo, nuestros pecados nunca se habrían perdonado. Y como resultado, tendríamos que haber enfrentado el juicio de Dios, ya que «no hay un solo justo, ni siquiera uno» (Romanos 3:10).

Sin embargo, Jesús cedió su voluntad al Padre diciendo: «No se cumpla mi voluntad, sino la tuya» (Lucas 22:42). Fue a la cruz, sufrió y murió por nuestros pecados. Y cuando el cielo se oscureció y el sol ocultó su rostro, a Jesús lo abandonaron al final, quedó solo. Y clamó en su agonía: «Dios mío, Dios mío, ¿por qué me has desamparado?» (Marcos 15:34).

A veces nos sentimos abandonados cuando Dios nos coloca en una situación difícil o cuando debemos separarnos de alguien o de algo que amamos de verdad. Es como la pareja cristiana que se enamora estando en la universidad, pero se da cuenta de que Dios tiene propósitos distintos para sus vidas: a él lo llamaron al campo misionero en el exterior y a ella la llamaron a emprender un negocio. ¿Qué deben hacer? Ninguno de los dos puede renunciar a su llamado por la otra persona, pues de ese modo no estarían en el centro de la voluntad de Dios. Por lo tanto, deben elevar la difícil oración de abandono: «Señor, que se haga tu voluntad, no la nuestra».

En momentos como estos, resulta muy difícil pronunciar esta oración, pues sabemos que nunca nos devolverán lo que entreguemos. Cuando la chica desconsolada se rinde a la voluntad de Dios y mira cómo su novio se sube al avión rumbo al campo misionero, sabe que nunca regresará a su lado. Es difícil de enfrentar. Es probable que sienta que Dios la abandonó y hasta dude de su amor por ella. Sin embargo, en esos momentos necesitamos confiar en la sabiduría de Dios y en que Él nos dará de su gracia para que podamos vivir con los resultados.

La lección del abandono

En 2 Corintios, Pablo escribe que creía que oraba según la perfecta voluntad de Dios cuando le pedía al Señor que quitara la «espina» de la carne. No sabemos con exactitud lo que representaba esta espina en la vida de Pablo, pero oró tres veces para que Dios se la quitara (lee 2 Corintios 12:7-8). Sin embargo, Dios no contestó esa oración. Pablo tuvo que abandonar la comodidad física y aceptar las consecuencias de la espina en su carne. Aun así, mediante esta experiencia, Pablo aprendió una lección importante: Si se rendía a Dios, la gracia del Señor sería suficiente para que le cuidara. El Señor le dijo: «Te basta con mi gracia, pues mi poder se perfecciona en la debilidad» (2 Corintios 12:9).

A veces Dios nos pide que abandonemos la felicidad por lo que parece ser soledad. En ocasiones nos pide que abandonemos la comodidad física a cambio del dolor o el maltrato físico. ¿Por qué nos exige esto? Porque Dios quiere que *muramos* antes de darnos *vida*. La Biblia dice: «Si el grano de trigo no cae en tierra y muere, se queda solo. Pero si muere, produce mucho fruto» (Juan 12:24). El abandono algunas veces lleva a la muerte de nuestro placer... nuestra comodidad... nuestras ambiciones... e incluso nuestra felicidad inmediata.

Sin embargo, en el momento en que nos abandonamos a la voluntad de Dios, Él no nos deja en medio de un estado de confusión. Cuando dejamos nuestros deseos para seguir los suyos, le damos la espalda a nuestros sentimientos de amor propio y autoprotección, y nos movemos rumbo al amor y a la adoración divina. Entonces surge en nosotros un nuevo deseo de vivir. Es en esa transformación donde encontramos un nuevo deseo de adorar a Dios. Cuando morimos a nuestros planes egoístas, somos como el trigo que muere en la tierra. A través de la muerte del yo, poco a poco comenzamos a crecer y a ser un fruto para la gloria de Dios.

Cuando renunciamos a los deseos egoístas del corazón y nos sometemos a la voluntad de Dios, crucificamos nuestra voluntad con Cristo y permitimos que Dios transforme nuestra vida. A esto se refiere Pablo cuando escribe: «He sido crucificado con Cristo, y ya no vivo yo sino que Cristo vive en mí» (Gálatas 2:20). Nos aferramos menos a la búsqueda terrenal y, en su lugar, ponemos nuestra mirada en las cosas del reino de Dios... y en el proceso somos más semejantes a Cristo. Cuando oramos: «No se haga mi voluntad, sino la tuya», recibimos algo que permanece para siempre: la morada de Cristo en nuestra vida.

Esto quizá parezca algo duro. ¿En verdad Dios quiere que erradiquemos nuestra voluntad? En absoluto. Estamos hablando de *rendir* la voluntad, no de destruirla. La voluntad representa el poder para tomar decisiones en la vida. Si erradicamos la voluntad, nos convertimos en trozos de papel que vuelan por un callejón vacío siguiendo los dictados del viento, sin aguante... sin determinación... sin propósito en la vida.

Dios no quiere destruir la capacidad de elección; quiere transformarla. Quiere transformarla en algo bueno para que podamos optar por buscar la voluntad de Dios. Así como la voluntad debe morir a las ambiciones egoístas, debe volver a vivir a la nueva vida resucitada en Jesucristo. La oración de abandono siempre debe llevarnos a la oración de transformación: «Señor, te entrego mi vida. Cámbiame conforme a la imagen de Jesucristo». Esto solo sucede cuando somos capaces de ver más allá del abandono y nos transformamos para amar y obedecer a Dios.

Cuando llega el momento oscuro

Vendrán tiempos en nuestra vida en los que nos sentiremos solos por completo y olvidados por Dios. Cada vez que nos encontremos en esta oscuridad, necesitamos recordar que debemos seguir haciendo lo que aprendimos en la luz. Debemos seguir escuchando la voz de Dios, leyendo la Biblia, adorando al Señor y cumpliendo con los mandamientos que nos ha dado. También necesitamos recordar que Dios nunca tuvo la intención de que fueran situaciones definitivas. Así como el día se divide en un período de luz y otro de oscuridad, a menudo en nuestro viaje espiritual nos enfrentaremos a la oscuridad, pero podemos estar seguros de que el sol saldrá otra vez.

También es importante tener en cuenta que Dios lleva a cabo muchas cosas en la oscuridad de la noche. El frío nocturno permite que crezcan las raíces de las plantas. El rocío cae y refresca las hojas cuando no hay sol. Tal como Dios quiso que nuestros cuerpos se renovaran con el descanso, debemos darnos cuenta de que Él tiene un propósito por el que nos abandona en la noche... y debemos aprender cuáles son esos propósitos.

Tal vez Dios haya puesto situaciones confusas en nuestra vida que resulten en un profundo sentimiento de frustración. Quizá nos sintamos solos y abandonados; pero piensa que «Dios dispone todas las cosas para el bien de quienes lo aman» (Romanos 8:28). Incluso la frustración que causa el sentirse abandonado puede ser buena si nos lleva a buscar al Señor. Porque así como el niño grita: «Estoy perdido» y su madre lo encuentra y seca sus lágrimas, la frustración de sentirnos abandonados puede llevarnos al tierno abrazo y consuelo de Dios mismo.

TU TAREA

Enumera y analiza algunos momentos de frustración. Haz una lista de algunos momentos en los que te sentiste frustrado o notaste la ausencia de Dios. Ahora analiza la lista y formúlate las siguientes preguntas:

- ¿Qué causó mi frustración?
- ¿Cuán profunda fue la frustración?
- ¿Qué me enseñó la frustración?

Después que respondas estas preguntas, escribe lo que aprendiste.

Memoriza versículos de la Escritura que hablen sobre cómo superar la frustración. He aquí algunos pasajes buenos para memorizar:

> Cuando siento miedo, pongo en ti mi confianza. (Salmo 56:3)
>
> Ahora bien, sabemos que Dios dispone todas las cosas para el bien de quienes lo aman, los que han sido llamados de acuerdo con su propósito. (Romanos 8:28)
>
> Alégrense siempre en el Señor. Insisto: ¡Alégrense! (Filipenses 4:4)

Mira el corazón. ¿Hay algo que se interponga entre tú y la voluntad de Dios? Si es así, haz lo siguiente:

1. Reconoce que hay una barrera entre tú y Dios. Este es el primer paso para solucionar cualquier obstáculo que pueda haber en tu relación con Dios.
2. Pídele a Dios las fuerzas para ver la barrera como tal y para que puedas orar con sinceridad. Tus oraciones no llegarán al cielo hasta que lo desees de corazón.
3. Escribe en tu diario de oración lo que sucederá si no quitas la barrera que existe entre tú y la voluntad de Dios.

Cuéntale a Dios cómo te sientes. Si te sientes frustrado o abandonado por Dios, cuéntaselo. Pídele que te ayude a descubrir las barreras que quizá causen una desconexión en la relación y que te revele sus propósitos.

Decide confiar siempre en Dios. A veces la fe en Dios requiere una obediencia ciega. Por lo tanto, determina cada día que aunque no sepas la razón por la que Dios parece esconder su rostro, creerás en tu corazón que Él siempre quiere lo mejor para ti.

CAPÍTULO DOCE

cuando estamos desesperados

Este pobre clamó, y el SEÑOR le oyó
y lo libró de todas sus angustias.

SALMO 34:6

A veces a nuestra vida llegan momentos en los que *necesitamos con urgencia* de Dios. Tal vez sea cuando estemos en aprietos y nos haga falta el poder inmediato de Dios; cuando todo lo que podemos hacer es clamar a Dios por ayuda. O quizá cuando pasemos por una crisis espiritual y estemos sedientos de Dios, momentos en los que nos sentimos vacíos, débiles en lo espiritual y hambrientos de una comunión con Dios. En este capítulo analizaremos tales *oraciones de desesperación.*

¡AUXILIO, SEÑOR! ¡ME HUNDO!

Mateo 14:24-30 menciona un ejemplo de una oración desesperada. Pedro estaba en la barca con los discípulos cuando se desató una gran tormenta y peligraban sus vidas. Los discípulos remaban lo más fuerte posible, pero no avanzaban hacia la orilla. En ese momento, en medio del viento, vieron a alguien que caminaba en su dirección... ¡sobre el agua! «¡Es un fantasma!», gritaron los discípulos con miedo.

Desde luego, no era un fantasma, sino Jesucristo que acudía en ayuda. «¡Cálmense! Soy yo. No tengan miedo», dijo Jesús (v.

27). Pedro, un hombre al que le gustaba la acción, al instante respondió: «Señor, si eres tú [...] mándame que vaya a ti sobre el agua» (v. 28).

«Ven», fue la simple respuesta de Jesús.

De manera que al instante Pedro saltó de la barca y comenzó a caminar sobre el agua... algo que nunca había hecho un hombre. Al principio, su mirada estaba fija en Jesús y permanecía en la superficie de las olas. Sin embargo, después Pedro hizo algo que no debió hacer: Apartó sus ojos de Jesús. Y «al sentir el viento fuerte, tuvo miedo y comenzó a hundirse. Entonces gritó: "¡Señor, sálvame!"» (v. 30).

Era el momento para una oración desesperada. Pedro se hundía de repente en medio de un mar tempestuoso y no había tiempo de elaborar una petición adecuada para su Señor. No había tiempo para confesar el error que lo llevó a hundirse. Ni siquiera había tiempo para pensar en lo que sucedía. Todo lo que Pedro podía hacer era clamar a Dios porque estaba muerto de miedo. Sabía que el Señor es «nuestra ayuda segura en momentos de angustia» (Salmo 46:1) y que tenía el poder para salvarlo.

Mi pastor a menudo dice: «Hay más días malos que días buenos». Todos enfrentaremos situaciones donde la amenaza es tan cercana y abrumadora que todo lo que podemos hacer es clamar a Dios desesperados. Como Pedro, vemos la tormenta rugiendo a nuestro alrededor y sentimos el agua que empieza a subir y lo primero que viene a nuestra mente es clamar a Dios pidiendo ayuda. Las oraciones desesperadas surgen de corazones desesperados. «Así que acerquémonos confiadamente al trono de la gracia para recibir misericordia y hallar la gracia que nos ayude en el momento que más la necesitemos» (Hebreos 4:16).

Aprendamos a confiar en Dios en tiempos difíciles

A veces, Dios permitirá que encontremos problemas en nuestra vida. ¿Por qué? Porque Él quiere llamar la atención y ayudarnos a aprender a recurrir a Él en momentos de necesidad. Quiere atraernos a su presencia a fin de que podamos habitar junto a Él y adorarle. «Porque en el día de la aflicción él me resguardará en su morada; al amparo de su tabernáculo me protegerá, y me pondrá en alto, sobre una roca» (Salmo 27:5). Si no has estado buscando la presencia de Dios ni has estado alabándole, ¡cuidado! Tal vez vengan en camino circunstancias que te llevarán más cerca de Dios.

En el Antiguo Testamento, el rey Asá, uno de los reyes piadosos de Judá, se enfrentó a una situación en la que experimentó el mismo «sentimiento de preocupación» que Pedro. Un etíope llamado Zera atacó a Judá con un ejército de un millón de soldados. Asá sabía que estaba en problemas y que no contaba con el elemento humano para hacerle frente a la acometida del etíope. Entonces, ¿qué hizo Asá? «Invocó al SEÑOR su Dios» (2 Crónicas 14:11).

Asá exclamó lo que haría cualquier persona en dificultades: «¡Auxilio!». Asá oró al Señor: «¡Ayúdanos, SEÑOR y Dios nuestro, porque en ti confiamos, y en tu nombre hemos venido contra esta multitud! ¡Tú, SEÑOR, eres nuestro Dios! ¡No permitas que ningún mortal se alce contra ti!» (v. 11). Asá empezó su oración desesperada pidiéndole a Dios que lo defendiera de la multitud de etíopes, pero al final se dio cuenta de que en realidad los etíopes luchaban contra Dios.

Después que el pueblo de Dios ganó la batalla, el profeta Azarías le recordó a Asá que cada vez que Israel en el pasado estaba en dificultades «y se volvían al SEÑOR, Dios de Israel, y lo buscaban, lo encontraban» (15:4, *NTV*). Azarías le dijo a Asá que el Señor seguiría estando con los israelitas siempre y cuando estuvieran de su lado y siguieran sus mandamientos. Dios le enseñaba a su pueblo que cuando recurrieran a Él en momentos de desesperación, Él respondería al clamor y los libraría de sus enemigos.

El secreto para que nuestras oraciones reciban respuesta está en poner nuestra confianza por completo en Él. Cuando tenemos mucho miedo porque no hay nadie que nos socorra y nada que nos libre de la destrucción, cuando desaparece toda esperanza, tendemos a clamar de manera sincera con todo el corazón y a confiar en nuestro Padre celestial. El temor quita todo fingimiento y nos permite clamar con sinceridad desde lo más profundo del corazón. En momentos de desesperación, no podemos confiar en nada ni en nadie más que en Dios porque todo lo demás ha fracasado. En estos momentos es cuando Dios tiene toda nuestra atención.

Desde luego, para que Dios nos libre, tenemos que creer en el corazón que Él puede hacerlo. En la Biblia, dos ciegos siguieron a Jesús gritando con desesperación: «¡Ten compasión de nosotros, Hijo de David!» (Mateo 9:27). Estos hombres gritaban porque querían asegurarse de que Jesús los escuchara; gritaban *con desesperación* porque a cada segundo eran víctimas de las limitaciones que les imponía la ceguera y querían la sanidad de Cristo.

Jesús escuchó su súplica, pero en lugar de sanarlos al instante, primero les hizo una pregunta: «¿Creen que puedo sanarlos?» (v. 28). Jesús ya sabía que estos ciegos estaban desesperados por recuperar la vista, pero Él no sabía si *creían* que podía hacerlo. No sabía si creían que era el Hijo de Dios. Así que Jesús esperó una respuesta afirmativa antes de conceder la petición.

Desesperación espiritual

En la Biblia, dos sacerdotes iban camino a Jerusalén. Habían estado muy lejos en el exilio y su mayor deseo era regresar a la Tierra Prometida y adorar a Dios en el templo. Mientras caminaban, vieron que unos perros y unos cazadores perseguían a un ciervo. Mientras el cervatillo corría por su vida, se detuvo lo suficiente cerca de un arroyo de montaña para beber un sorbo de agua que lo salvaría. La escena captó la imaginación de estos sacerdotes, quienes escribieron: «Cual ciervo jadeante en busca del agua, así te busca, oh Dios, todo mi ser» (Salmo 42:1, *NVI*).

¿Alguna vez has sentido este hambre de Dios? ¿Alguna vez has experimentado un hambre tan intenso que casi olvidas cómo orar? ¿O alguna vez las palabras han fluido de tu boca mientras sentías que tus emociones eran confusas?

A eso se parece cuando experimentamos un *hambre espiritual* por Dios. Cuando el alma está vacía... y somos espiritualmente débiles... llegamos a estar tan desesperados por sentir la presencia de Dios que nos olvidamos de todo. Al igual que en los momentos de crisis, nuestro tiempo de oración no comienza con alabanza y adoración ni con un momento de confesión de pecados, solo derramamos el alma delante del Señor (lee el Salmo 62:8).

Es como colocar comida delante de un hambriento. Un hambriento se arroja encima de la comida sin tener en cuenta los buenos modales ni el protocolo. Llena su boca con lo primero que esté a su alcance. No piensa en cuchillos, tenedores, ni cualquier otro utensilio, come con las manos. Tragará sin masticar. A un hambriento no le interesan los demás ni se preocupa por la apariencia. Solo le importa satisfacer su hambre.

Jesús es el Pan de Vida y es capaz de saciar todo nuestro hambre. En Juan 6:35, Jesús dice: «Yo soy el pan de vida; el que a mí viene nunca tendrá hambre» (RV-60). Jesús es el Agua de Vida y puede saciar aun la sed del sediento más desesperado. Jesús nos dice: «¡Si alguno tiene sed, que venga a mí y beba! De aquel que cree en mí, como dice la Escritura, brotarán ríos de agua viva» (Juan 7:37-38).

No tenemos que ser sofisticados ni tener buenos modales. Si tenemos hambre y sed de Dios, todo lo que tenemos que hacer es orar.

Solo un bocado

Sin embargo, ¿qué pasa si no sentimos hambre de Dios? ¿Qué tal si somos la clase de persona que puede pasar días sin pensar en Dios? Bueno, no tenemos que sentirnos desanimados cuando no deseamos orar. El simple hecho de que *ahora* estemos meditando en la oración aumentará el hambre por Dios.

A decir verdad, las dos cosas van de la mano. La oración es tener hambre de Dios y comienza cuando tenemos una sensación de hambre genuina por Dios. El *deseo* genuino de conocer a Dios es, en realidad, una oración y la oración sincera nos hace tener hambre de Dios. La oración sincera está *hambrienta de Dios*.

El salmista escribe: «Prueben y vean que el SEÑOR es bueno; dichosos los que en él se refugian» (Salmo 34:8). A veces el secreto para tener hambre es probar. Si no tenemos apetito espiritual por Dios, podemos «probar» al Señor, orar un poquito, y tendremos deseos de más. Siempre me pasa esto cuando voy a la heladería: el heladero me hace probar y me tienta con algún nuevo sabor y después que lo pruebo, estoy atrapado. Compro un cono doble. ¿No es eso lo que hace el paladar? Cuando probamos un poquito, queremos más.

Una de las formas de abrir el apetito por Dios es leyendo unos versículos de la Biblia. La Palabra de Dios será dulce a nuestro paladar (lee el Salmo 119:103). Dirigimos la mirada a Jesús, buscamos su presencia y gustamos que el Señor es bondadoso (lee 1 Pedro 2:3). Como sucede con el primer bocado delicioso de un cono de helado, vamos a querer seguir comiendo.

Por lo general, el probar nos dice lo que sigue. Cuando me siento a comer un bistec, antes corto un pedacito, un trozo pequeño. Ese bocado me dice si está cocinado como me gusta. El primer bocado estimula las papilas gustativas y quiero comer más. De la misma manera, si somos sinceros al hablar con Dios (y Él nos habla), es natural que deseemos tener cada vez más comunión con Él. A algunas personas les resulta difícil encontrar un momento para orar, pero a mí me sucede lo contrario. Una vez que pruebo la presencia de Dios, me resulta difícil separarme de Él.

Dios desea tener comunión con nosotros. Cuando venimos a su presencia, encontramos a Jesús que dice: «Yo tengo una comida que comer, que vosotros no sabéis» (Juan 4:32, *RV-60*). Cuando nos acerquemos a Dios y toquemos la puerta del cielo, encontraremos que Jesús está tocando la puerta de nuestro corazón. «Mira que estoy a la puerta y llamo. Si alguno oye mi voz y abre la puerta, entraré, y cenaré con él, y él conmigo» (Apocalipsis 3:20). Tal como dos personas se buscan para tener comunión, Dios está buscando tener comunión con nosotros mientras nosotros buscamos tener comunión con Él.

TU TAREA

Memoriza versículos. Cuando llegue el momento de la desesperación, no tendrás tiempo de buscar versículos en la Biblia ni de estudiar las Escrituras. Si aprendes algunos versículos, estarán allí en el momento de angustia. Memoriza Salmos 27:5; 34:6; 46:1; 56:3; 121:1; 2 Crónicas 14:11; Mateo 9:28.

Pídele a Dios que te prepare para cualquier emergencia. En teoría, uno no puede prepararse para una emergencia, pero puede sembrar la actitud mental adecuada a fin de lidiar con una emergencia. Así que pídele a Dios que te fortalezca de modo que logres enfrentar mejor los momentos de crisis de la vida.

Clama: «¡Señor, te necesito!». Cuando tienes hambre, a nadie le importa si te llenas la boca o si rompes las reglas del protocolo. La gente compasiva disfruta cuando ve comer a una persona muerta de hambre. Así que, ¡disponte a comer!

Pasa de una oración hambrienta a otros tipos de oraciones. Está bien ponerse a comer en forma desenfrenada cuando uno tiene mucha hambre, pero la cuestión cambia cuando uno se sienta a comer una comida normal con gente normal. Les molesta que se coma con la boca abierta. Así que ten presente que existen momentos adecuados para elevar una oración desesperada, tal como hay momentos apropiados para otros tipos de oraciones.

Programa un tiempo de oración y comprométete a orar. La clave para llevar una vida cristiana equilibrada es mantener el hambre en equilibrio. Comer en los momentos indicados mantendrá el apetito en control y orar en los momentos indicados te permitirá mantener el control, del hambre espiritual. Así como uno se mantiene saludable ingiriendo la comida adecuada a intervalos regulares, una vida de oración bien equilibrada te ayudará a crecer en Cristo.

CAPÍTULO TRECE

cuando necesitamos prevalecer

Así que comete pecado todo el que sabe hacer el bien y no lo hace.

SANTIAGO 4:17

Había un hombre que estaba profundamente dormido en su cama cuando un vecino amigo tocó a la puerta de su casa. El amigo le pidió un poco de pan, pero debido a que era la medianoche y el hombre estaba cansado, respondió: «No me molestes. Ya está cerrada la puerta, y mis hijos y yo estamos acostados. No puedo levantarme a darte nada». Sin embargo, el vecino siguió tocando a la puerta una y otra vez. Al final, el hombre se dio cuenta de que no podría dormir hasta que no cumpliera el deseo de su amigo, así que se levantó de la cama y le dio los panes que necesitaba para que se marchara.

Jesús contó esta parábola en Lucas 11:5-9, concluyendo con la siguiente nota acerca del hombre de la historia:

> Les digo que, aunque no se levante a darle pan por ser amigo suyo, sí se levantará por su *impertinencia* y le dará cuanto necesite. Así que yo les digo: Pidan, y se les dará; busquen, y encontrarán; llamen, y se les abrirá la puerta. (vv. 8-9, énfasis añadido)

Jesús honra la oración *impertinente*. Algunas veces necesitamos seguir orando sin importar el cansancio, las trabas en el camino, ni el desaliento. Cuando elevamos oraciones que prevalecen, entramos a la presencia de Dios con una voluntad de acero y estamos dispuestos a no darnos por vencidos pase lo que pase. Wesley L. Duewel, en su libro *Prevailing Prayer*, propone una excelente definición de lo que es la oración que prevalece:

> Prevalecer es tener éxito en medio de las dificultades. Es tener el control absoluto, superar y atar. La oración que prevalece es la oración que resiste todo obstáculo y dificultad, hace retroceder las fuerzas opositoras de Satanás y asegura la voluntad de Dios. El propósito es hacer la voluntad de Dios en la tierra. La oración que prevalece no solo toma la iniciativa, sino que sigue a la ofensiva por Dios hasta alcanzar la victoria espiritual[1].

En este capítulo, analizaremos la oración que prevalece por amor a nosotros y por amor a otros que necesitan el poder de Dios en su vida.

El propósito de prevalecer en oración

¿Por qué debemos prevalecer en oración? Una de las razones es que la carne es débil y necesitamos permanecer enfocados en lo que nos ordenó Dios. Cuando Jesús estaba en el huerto de Getsemaní la noche antes de su crucifixión, les pidió a los discípulos que se sentaran y velaran mientras Él oraba. Sin embargo, cuando regresó, los sorprendió durmiendo. «¿No pudieron mantenerse despiertos conmigo ni una hora? —le dijo a Pedro—. Estén alerta y oren para que no caigan en tentación. El espíritu está dispuesto, pero el cuerpo es débil» (Mateo 26:40-41).

Otra razón por la que debemos prevalecer en la oración es porque hay momentos en los que Dios pone a prueba nuestra sinceridad. En el Salmo 17:3, David expresó esta idea cuando le dijo al Señor: «Tú escudriñas mi corazón, tú me examinas por las noches; ¡ponme, pues, a prueba, que no hallarás en mí maldad alguna! ¡No pasarán por mis labios». Job entendió que las pruebas que sufría probaban su carácter: «Él, en cambio, conoce mis caminos; si me pusiera a prueba, saldría yo puro como el oro» (Job 23:10). Y Santiago se dio cuenta de que las pruebas y las persecuciones que soportaban los primeros cristianos fortalecerían su fe:

> Amados hermanos, cuando tengan que enfrentar problemas, considérenlo como un tiempo para alegrarse mucho porque ustedes saben que, siempre que se pone a prueba la fe, la constancia tiene una oportunidad para desarrollarse. Así que dejen que crezca, pues una vez que su constancia se haya desarrollado plenamente, serán perfectos y completos, y no les faltará nada [...] Dios bendice a los que soportan con paciencia las pruebas. (Santiago 1:2-4,12, *NTV*)

Es probable que Dios no responda de inmediato a nuestras oraciones, ya que si diera respuestas rápidas, nos sentiríamos animados a hacer oraciones superficiales. En lugar de eso, Dios nos prueba a fin de determinar nuestra decisión.

En el Antiguo Testamento, Dios probó la determinación de Jacob cuando luchó en su contra hasta la luz del día: «Cuando ese hombre se dio cuenta de que no podía vencer a Jacob, lo tocó en la coyuntura de la cadera, y ésta se le dislocó mientras luchaban» (Génesis 32:25). A pesar del dolor que de seguro experimentó, Jacob se negó a dejarlo ir hasta que no recibiera la bendición del Señor. Así que el Señor le dijo: «Ya no te llamarás Jacob, sino Israel, porque has luchado con Dios y con los hombres, y has vencido» (v. 28).

También debemos prevalecer en oración porque nos encontramos en una lucha por el alma de los demás. La vida cristiana no es una fiesta. Es una batalla. Pablo dijo: «Porque nuestra lucha no es contra seres humanos, sino contra poderes, contra autoridades, contra potestades que dominan este mundo de tinieblas, contra fuerzas espirituales malignas en las regiones celestiales» (Efesios 6:12). Debemos hacer la promesa del intercesor:

> Oraré con todo el corazón y seguiré adelante,
> invertiré todas mis fuerzas hasta que se agoten,
> no dejaré de orar por ninguna petición,
> y me quedaré en la presencia de Dios hasta que obtenga
> la victoria.

Una forma de prevalecer por otros es comprometiéndose a invertir tiempo y esfuerzo en orar por ellos hasta que alcancen la salvación en Cristo.

Oración redentora

La palabra «redención» significa pagar un precio o volver a comprar. Cuando elevamos oraciones redentoras en favor de otros, mediante la intercesión pagamos el precio para que sean redimidos los perdidos. Esto no significa necesariamente que la salvación de otras personas se base en nuestras oraciones. Sin embargo, quiere decir que no dejaremos de invertir tiempo y esfuerzo en la oración hasta que haya evidencias de que experimentan la salvación.

Esto no significa que nuestro sufrimiento y nuestras oraciones rediman a otros. Algunas personas malinterpretan las palabras de Pablo a los colosenses: «Ahora me alegro en medio de mis sufrimientos por ustedes, y voy completando en mí mismo lo que falta de las aflicciones de Cristo, en favor de su cuerpo, que es la iglesia» (Colosenses 1:24) y afirman que los sufrimientos de Pablo llevaron a otros a los pies de Cristo. Lo que Pablo dice en realidad en este versículo es que, mientras predicaba el evangelio, tuvo que padecer grandes aflicciones: lo azotaron, lo encarcelaron, lo desnudaron y lo apedreó una multitud. También tuvo que sufrir desastres naturales como tormentas y naufragio. Pablo sobrellevó todas estas cosas y perseveró en la predicación del evangelio. Al final, se salvaron los colosenses.

Pablo entendía que solo la sangre de Cristo puede redimir a los perdidos en el pecado. Cuando Adán y Eva pecaron en el huerto del Edén, toda la humanidad heredó una naturaleza pecaminosa inclinada a los deseos de la carne y del mundo. Sin embargo, Cristo vino al mundo para pagar el precio de la redención, «no se pagó con cosas perecederas, como el oro o la plata, sino con la preciosa sangre de Cristo, como de un cordero sin mancha y sin defecto» (1 Pedro 1:18-19). Solo la sangre de Cristo puede saldar el precio de la redención. La oración redentora significa suplicar sin cesar la sangre de Cristo hasta que los perdidos entren al reino de Dios.

La oración redentora requiere sacrificio de nuestra parte. Cuando los israelitas pecaron contra Dios adorando al becerro de oro, Moisés se presentó delante del Señor y se ofreció a sí mismo como sacrificio para que el pueblo pudiera salvarse. «¡Qué pecado tan grande ha cometido este pueblo al hacerse dioses de oro!», clamó Moisés al Señor. «Sin embargo, yo te ruego que les perdones su pecado. Pero si no vas a perdonarlos, ¡bórrame del libro que has escrito!» (Éxodo 32:31-32).

¿Con cuánta intensidad oró Moisés? Fíjate en el punto antes del «Pero». ¿Qué significa? Lo más probable es que Moisés haya llegado al límite. Ya no sabía qué más decirle al Señor... se quedó sin palabras ante Dios. La oración redentora de Moisés fue más allá de las palabras hacia el mismo anhelo de su corazón.

Pablo expresó el mismo sentimiento cuando se ofreció a sí mismo por el pueblo de Israel, a fin de que pudieran obtener la salvación. En Romanos 9:3, Pablo escribe: «Desearía yo mismo ser maldecido y separado de Cristo por el bien de mis hermanos, los de mi propia raza». ¡La expresión «separado de Cristo» en este versículo es sinónima de pedir que le arrojaran al infierno!

La oración redentora significa identificarnos con las personas por las que oramos tal como Jesús se identificó con los transgresores (lee Isaías 53:5-7). Significa estar en agonía por el pecado tal como Jesús estuvo en agonía por nuestros pecados en el huerto de Getsemaní. Necesitamos darnos cuenta de que *podemos* influir en Dios mediante la oración y que nuestra intercesión puede conducir a otros a la salvación.

El precio de la oración redentora

Es muy difícil orar así por otras personas, pues cuando en verdad elevamos oraciones redentoras, el pecado de esos por los que oramos nos romperá el corazón. Nos entristecerá saber que nuestros seres queridos le han dado la espalda al amor de Cristo. Nos entristecerá su desobediencia y pecado manifiesto. Cuando intercedamos por personas en estas condiciones, nos haremos cargo del dolor y de la aflicción causados por su rebeldía.

La oración redentora genuina es una lucha y es agotadora. Es muy similar a un combate de lucha libre en el que uno de los contrincantes intenta sujetar al otro contra el suelo. Es más, Pablo utiliza la misma metáfora en Efesios 6:12. Los participantes utilizan cada fracción de energía y agudeza mental cuando pelean y nosotros debemos hacer lo mismo con la oración redentora. Peleamos contra Satanás de modo que libere a los que tiene cautivos en el pecado. Luchamos contra principados malignos y pecados adictivos que obran en esos por los que oramos. Cuanto más grave sea el pecado, más dura será la batalla. Cuanto más haya estado esa persona en pecado, más larga será la batalla. Cuanto más esclavizante haya sido el pecado, más debemos padecer en oración. Luchamos contra la ira de Dios que se ha derramado a causa del pecado.

La oración redentora también requiere perdón. Cuando Jesús estaba colgado en la cruz, oró por los que lo acusaban, diciendo: «Padre [...] perdónalos porque no saben lo que hacen» (Lucas 23:34). En el libro de los Hechos, cuando la multitud tomó a Esteban y lo llevó fuera de la ciudad de Jerusalén para apedrearlo, Esteban se arrodilló y clamó a gran voz: «¡Señor, no les tomes en cuenta este pecado!» (Hechos 7:60). Esteban y Jesús perdonaron a quienes los ejecutaban. De la misma manera, debemos perdonar a esos por los que intercedemos.

Daniel oró, agonizando, durante veintiún días sin respuesta. «En aquella ocasión yo, Daniel, pasé tres semanas como si estuviera de luto. En todo ese tiempo no comí nada especial, ni probé carne ni vino, ni usé ningún perfume» (Daniel 10:2-3). Cuando se cumplieron las tres semanas, se le apareció un ángel del Señor y le dijo:

> No tengas miedo, Daniel. Tu petición fue escuchada desde el primer día en que te propusiste ganar entendimiento y humillarte ante tu Dios. En respuesta a ella estoy aquí. Durante veintiún días el príncipe de Persia se me opuso, así que acudió en mi ayuda Miguel, uno de los príncipes de primer rango. Y me quedé allí, con los reyes de Persia. (Daniel 10:12-13)

Daniel no comprendía a cabalidad por qué no había respuesta a sus oraciones, pero prevaleció hasta que llegó la respuesta. De la misma manera, cuando oremos, Satanás intentará oponerse a nuestros esfuerzos. Necesitamos persistir en la oración a favor de nosotros y de otros, y vencer el cansancio hasta que llegue la respuesta.

TU TAREA

Decide dedicar tiempo a la intercesión. Daniel oraba tres veces al día (lee Daniel 6:10). En una ocasión, oró y ayunó durante veintiún días (lee Daniel 10:3). Si quieres prevalecer en la oración, separa un largo período para orar y, luego, ora sin cesar por ese motivo. No prevalecerás hasta que pases un tiempo ininterrumpido en oración.

Construye un depósito de hábito, actitud y pasión de la oración. Esto no significa que uno pueda acumular en el cielo un paquete de «buenas obras» que lo sostendrán en momentos difíciles, sino que desarrollarás un compromiso de orar siempre ante la necesidad. Cada vez que intentes prevalecer en la oración harás uso de ese depósito de compromiso.

Ora con todo tu ser. Ora con el intelecto cuando te acuerdes de lo que Dios promete en su Palabra. Ora con las emociones cuando derrames lágrimas e implores a favor de tu petición. Ora con la voluntad cuando decidas prevalecer y no darte por vencido.

Revisa tu lista de oración y define por quiénes vas a elevar una oración de redención. No todos son aptos para la oración redentora debido a que tendrás en el corazón una carga por algunos y no por otros. Confecciona una lista de esos por los que debas interceder. (Esta quizá incluya a parientes no salvos, amigos que sufren una adicción y otros con serios problemas en la vida).

Pídele a Dios que haga la carga más pesada. La oración redentora se extenderá por más tiempo que tu momento de oración habitual, así que pídele a Dios que aumente la carga por personas específicas. Cuando Dios responda con una carga mayor o un celo más profundo, sabrás que te está guiando a la oración redentora. Pídele también a Dios que mueva montañas en la vida de esa persona.

Déjate llevar por la intensidad. Prevalecer en la oración es algo que da primero Dios y, luego, uno decide no rendirse jamás. Haz un voto de prevalecer en la oración, por ti mismo o por quienes hayas elevado oraciones redentoras, hasta que llegue la respuesta.

Nota

1. Wesley L. Duewel, *Prevailing Prayer*, Zondervan, Grand Rapids, MI, 1990, s. p.

CAPÍTULO CATORCE

cuando vemos injusticia

¡Aprendan a hacer el bien! ¡Busquen la justicia y reprendan al opresor! ¡Aboguen por el huérfano y defiendan a la viuda!

Isaías 1:17

Vivimos en un mundo de injusticias. Los líderes militares en los países en vías de desarrollo aterrorizan al pueblo, lo privan de alimentos y cometen genocidios. Las industrias multinacionales contaminan el ambiente y esclavizan a sus empleados con salarios inadecuados y tiránicas condiciones de trabajo. Los ejecutivos de las empresas estafan a su compañía y se quedan con millones de dólares. Los políticos aceptan sobornos. Gente inocente va a la cárcel.

¿Cuál es el papel del cristiano ante tanta injusticia? Muchos hablan con franqueza contra la injusticia, pero no tienen idea de cómo enfrentarla. Otros se encogen de hombros y dicen: «¿Qué puedo hacer yo?». Unos pocos hacen alguna buena obra y esperan que su contribución sea determinante en el mundo.

Es como los dos hombres que caminaban por la playa y vieron miles de almejas que morían y eran arrastradas hasta la costa. Uno de ellos levantó una almeja y la arrojó de nuevo al mar. «Uno no puede salvar todas las almejas», comentó el otro. «Es cierto», dijo el hombre que recogió la almeja, «pero al menos puedo salvar una». Sin embargo, ¿salvar solo *una* es todo lo que puede hacer un cristiano?

Resistencia pasiva

En agosto de 1960, cuando Martin Luther King, hijo, y setenta y cinco estudiantes entraron a un centro comercial y pidieron que los atendieran en una cafetería exclusiva para blancos, arrestaron a King y a treinta y seis de los estudiantes. Tres años después, el juez de Distrito de Alabama, W.A. Jenkins, dictó una orden prohibiéndole a King involucrarse en sentadas, piquetes u otras demostraciones que tuvieran lugar en la ciudad de Birmingham, Alabama. No obstante, King desafió la orden y, como resultado, lo arrestaron y pusieron en aislamiento penal.

Después que lo llevaron a la cárcel, el clero cristiano blanco local publicó un anuncio que ocupaba una página entera del diario *Birmingham News*, catalogando a King de alborotador. Cuando King leyó el anuncio, anotó una defensa de sus acciones en el margen del diario y en trozos de papel higiénico, y escribió una crónica que proponía ofrecer una resistencia pasiva al racismo en los Estados Unidos. Más tarde, las notas de King se publicaron en *Cartas desde la cárcel de Birmingham*[1].

Quizá uno de los diez sermones más impactantes en la historia del cristianismo fuera uno de los de King titulado: «Tengo un sueño», pronunciado en los escalones del monumento a Lincoln en Washington, D.C., en agosto de 1963:

> Tengo un sueño de que un día el estado de Alabama, cuyo gobernador escupe ahora palabras de interposición y anulación, se transforme en un sitio donde las niñas y los niños negros puedan unir sus manos con las niñas y los niños blancos, y caminen unidos como hermanos y hermanas.

A partir del sermón de King, «Tengo un sueño», cambió la perspectiva que la nación tenía de lo que era la igualdad y, a la larga, concluyó en la legislación de los derechos civiles en el Congreso. La legislación de los derechos civiles establecía, según la ley, igualdad de derechos para los estadounidenses negros, y esto repercutió de distintas maneras en toda la población: desde la instalación especial de bordillos para personas en sillas de ruedas, hasta la prohibición de que hubiera segregación en los sanitarios y en los bebederos.

El movimiento de los derechos civiles iniciado por King tuvo sus raíces en la creencia de que todos los seres humanos se crearon a la imagen de Dios: «Y Dios creó al ser humano a su imagen; lo creó a imagen de Dios. Hombre y mujer los creó» (Génesis 1:27). King creía que todas las personas (ya fuera hombre o mujer, joven o anciano, rico o pobre, saludable o enfermo) merecían, por ley, que les trataran con respeto e igualdad. Como el profeta Amós (a quien King citó en su sermón «Tengo un sueño»), el deseo de King era que fluyera «el derecho como las aguas, y la justicia como arroyo inagotable» (Amós 5:24).

King elaboró el principio de resistencia pasiva basado en los escritos y experiencias de Mahatma Gandhi, quien en la década de 1930 organizó personas en la India para que, mediante la agresión, pero sin violencia, se rebelara contra el régimen británico. Gandhi organizó la resistencia haciendo que sus seguidores boicotearan la sal, el té y la tela producida por los británicos. Se puso como ejemplo confeccionando sus propias telas e instando a millones a hacer lo mismo. Gandhi estuvo al frente de marchas y sufrió por su causa. Martin Luther King, hijo, y Gandhi fueron hombres que vieron la injusticia del mundo y decidieron hacer algo contra esa injusticia.

La oración como un arma

Jesús nació en un mundo en el que un gobierno opresor y autoritario forzaba al pueblo a hacer su voluntad. Los judíos de Palestina se encontraban bajo la ocupación del ejército romano, un ejército poderoso. La esfera de libertad estaba limitada y el deseo de muchos israelitas era expulsar a este pueblo repudiado de su tierra y arrojarlos al mar.

Un pequeño grupo de rebeldes, llamado «zelotes», peleaba batallas relámpago contra los romanos... con escaso o ningún resultado. Cuando la gente reconoció a Jesús como el Mesías prometido, se aferraron a los pasajes que en el Antiguo Testamento hablan del Mesías viniendo como un «rey conquistador» y dieron por sentado que Cristo sería un líder militar. Cada vez que Jesús realizaba un milagro, como el de la alimentación de los cinco mil con dos pescaditos y cinco panes, el pueblo quería convertirlo en rey. Sin embargo, esto no era lo que quería Jesús. Cristo no vino para gobernar al pueblo por la fuerza, sino a conquistarlo con amor y a reinar en su corazón.

Esta era la mejor oportunidad de Jesús para tomar las armas y rebelarse de manera física contra la injusticia. Sin embargo, decidió no hacerlo. Envió a sus discípulos en una pequeña barca al otro lado del mar de Galilea y entonces dejó atrás una multitud sedienta de rebelión y fue en busca de un sitio para orar: «Después de despedir a la gente, subió a la montaña para orar a solas. Al anochecer, estaba allí él solo» (Mateo 14:23).

Como cristianos, ¿debemos ponernos en pie contra la injusticia que vemos en el mundo? Por supuesto que sí. Como declara 1 Pedro 3:17-18: «Si es la voluntad de Dios, es preferible sufrir por hacer el bien [...]. Porque Cristo murió por los pecados una vez por todas, el justo por los injustos, a fin de llevarlos a ustedes a Dios». Sin embargo, no debemos olvidar que la *oración* es el arma principal para luchar contra las injusticias. La oración es un arma pacífica capaz de resolver los problemas de un mundo intolerante. Nuestras oraciones pueden interceder de manera resuelta contra el mal, a la vez que pueden cambiar el curso de este mundo y corregir los errores que se producen.

Prevalecientes contra la injusticia

Cuando en verdad creemos que la oración es determinante y oramos para detener las injusticias del mundo, nos convertimos en la voz de los sordos y en la fuerza de los débiles mientras establecemos una conexión con el Dios del cielo e intercedemos por los que necesitan ayuda. Le pedimos a Dios que envíe luz a un mundo oscuro y oramos para que la rectitud destruya la maldad.

Siempre debemos empezar esta batalla reconociendo que luchamos contra fuerzas espirituales de las tinieblas de este mundo (lee Efesios 6:12). No oramos contra las *personas* reales que introducen el mal en este mundo (el proxeneta, el político corrupto, el narcotraficante), sino que nuestras oraciones están dirigidas contra el *mal* que provoca la injusticia en el mundo. La batalla va mucho más allá de simples individuos: apunta al centro de maldad del mundo.

En Mateo 16:18, Jesús le dijo a Pedro: «Sobre esta roca edificaré mi iglesia; y las puertas del Hades no prevalecerán contra ella» (*RV-60*). El Hades trata con desesperación de mantener la justicia alejada de sus puertas. Sin embargo, la Iglesia prevalece contra las puertas del infierno y se opone al poder de Satanás, cuyo único fin es corromper y destruir la vida de las personas. Jesús afirmó que seguiría orando para que el reino de Dios viniera a este mundo y nos librara del maligno (lee Mateo 6:10, 13).

Mediante la resurrección, Jesús venció el poder de la muerte y del infierno. Demostró su autoridad sobre el mal espiritual y ahora está sentado a la diestra del Padre, «muy por encima de todo gobierno y autoridad, poder y dominio [...] Dios sometió todas las cosas al dominio de Cristo» (Efesios 1:21-22). Jesús tiene el poder para librarnos del maligno, ya que «toda potestad me es dada en el cielo y en la tierra» (Mateo 28:18, RV-60). Podemos recurrir a su poder en el cielo para prevalecer contra el mal en la tierra.

Entonces, ¿qué debemos hacer los cristianos cuando en este mundo somos testigos de crímenes, racismo, sexismo, nacionalismo y corrupción? Debemos creer que somos capaces en verdad de distinguirnos y prevalecer en oración contra la injusticia que enfrentamos cada día.

TU TAREA

Ora por el ministerio de predicar el evangelio y plantar nuevas iglesias. Que el tema principal de tus oraciones no sea una campaña en contra del aborto, los vecindarios plagados de crímenes, ni la industria del juego. No dejes de orar por esos males, pero también ten presente orar con una actitud positiva hacia las personas a fin de que puedan alcanzar la salvación en Cristo.

Emprende una guerra espiritual contra el enemigo. Pablo nos describe la armadura que debemos usar para emprender una batalla espiritual contra el enemigo. «Ceñidos con el cinturón de la verdad, protegidos por la coraza de justicia, y calzados con la disposición de proclamar el evangelio de la paz ... Tomen el escudo de la fe [...] Tomen el casco de la salvación y la espada del Espíritu, que es la palabra de Dios» (Efesios 6:14-17). Pablo nos da la clave para luchar: «Oren en el Espíritu en todo momento, con peticiones y ruegos» (v. 18). Cuando elevamos oraciones de guerra, oramos contra el mal porque el mal siempre está presente.

Haz una lista de males y ora en su contra. Hay tanta maldad en el mundo que nadie puede mencionar todas las posibles fuentes. Sin embargo, intenta enumerar entre todas las que te agobian en particular. Deja que el Espíritu Santo te guíe y entonces ora contra los males que aparecen en tu lista.

Ora por la iluminación del Espíritu Santo. Ora para que la gente pueda reconocer sus transgresiones y convencerse del pecado, de la justicia y del juicio (lee Juan 16:8-11). Pablo declara: «El dios de este mundo ha cegado la mente de estos incrédulos, para que no vean la luz del glorioso evangelio de Cristo, el cual es la imagen de Dios» (2 Corintios 4:4). Los enceguecidos tendrán un comportamiento cruel, injusto y llevarán el mal a un plano más profundo.

Reclama la sangre de Jesucristo. La clave para obtener victoria espiritual es vencer el mal por medio de la sangre del Cordero (lee Apocalipsis 12:11). Cuando imploras la sangre del Cordero, recibes protección contra el maligno y recibes el poder para conquistar el mal. Tal vez las palabras del viejo himno sean más concretas: «Hay poder, poder, sin igual poder, en la sangre que Él vertió»[2].

Reclama la victoria final mediante la petición diaria: «Venga tu reino». Ya que cuentas con armas espirituales para pelear la batalla contra el mal y la injusticia, tienes el poder para vencer por la sangre de Jesucristo. Es probable que te derroten en el camino, pero la batalla final será tuya. *Puedes* distinguirte en este mundo orando para que Dios transforme la mente y el corazón de la gente.

Ejerce autoridad sobre el maligno. No hay autoridad en nosotros, sino que la Palabra de Dios tiene poder para cambiar vidas... sanar al enfermo... deshacer maldiciones... y echar fuera demonios. Para más información sobre cómo tratar con demonios, consulta de Doris M. Wagner, *Cómo ministrar liberación* (Editorial Peniel, Miami, FL, 2006) y de John L. Nevius y F.F. Ellinwood, *Demon Possession and Allied Themes* (Kregel Publications, Grand Rapids, MI, 1968, reimpresión).

Examina tus temores. ¿Qué te atemoriza? Tal vez tengas miedo de la industria del juego, de los terroristas, de las drogas o de algún otro gigante. Quizá le temas a lo que los demonios puedan hacerte si te pones en su contra. No obstante, Juan nos confirma que «el que está en ustedes es más poderoso que el que está en el mundo» (1 Juan 4:4). Así que ora contra el enemigo con valentía y confía en el poder de Dios para protegerte del enemigo. Tal como afirma el autor de Hebreos: «Así que podemos decir con toda confianza: "El Señor es quien me ayuda; no temeré. ¿Qué me puede hacer un simple mortal?"» (Hebreos 13:6).

Notas

1. Martin Luther King, hijo, *Cartas desde la cárcel de Birmingham*, HarperCollins, San Francisco, CA, 1994.
2. Lewis E. Jones, «*There is Power in the Blood*», escrito en una reunión de un campamento realizado en Mountain Lake Park, Maryland en 1899. http://members.tripod.com/Synergy_2/lyrics/power.html; accedido el 22 de noviembre de 2004. [Nota de la Editorial: En castellano, el himno se titula «¿Quieres ser salvo?», traducido por D.A. Mata y el título de la tonada, del propio L.E. Jones, es «Poder en la sangre»].

CAPÍTULO QUINCE

cuando reconocemos el pecado de otros

Te suplico que me prestes atención [...].
Confieso que los israelitas, entre los cuales estamos incluidos mi familia y yo, hemos pecado contra ti.

NEHEMÍAS 1:6

En noviembre de 1995 se celebró el centésimo noveno aniversario de la proclamación del papa Urbano II en la que exhortó a la población cristiana europea a tomar sus armas y rescatar la Tierra Santa de la ocupación musulmana (una proclamación que llevaría a numerosas atrocidades e injusticias cometidas en el nombre de Cristo contra el mundo judío y árabe). Como celebración, un grupo de cristianos decidió reunirse e iniciar «La caminata de reconciliación».

Los miembros del viaje de oración partieron de la ciudad de Colonia, Alemania (y otras ciudades europeas), recorrieron la ruta de las Cruzadas y se reunieron con varios funcionarios de las ciudades (sobre todo judíos y musulmanes) a fin de confesar el pecado de sus antecesores y pedir perdón. A lo largo del camino, y con el fin de explicar el propósito del viaje, los miembros presentaron una declaración en la que pedían disculpas:

> Novecientos años atrás, nuestros antepasados usaron el nombre de Jesucristo en combate por el Oriente

> Medio. Impulsados por el miedo, el odio y la codicia, traicionaron el nombre de Cristo llevando una conducta contraria a su carácter y sus deseos. Las Cruzadas levantaron sobre el pueblo el estandarte de la cruz. Con este acto, corrompieron el verdadero sentido del perdón, la reconciliación y el amor desinteresado [...]. Queremos ofrecer amor y hermandad en los lugares donde hubo odio y prejuicio. Jesús el Mesías vino a dar vida. Perdónennos por hacer que su santo nombre se asociara con la muerte[1].

En los últimos años, se han organizado viajes de oración similares a causa de otras atrocidades cometidas en el pasado. En mayo de 2002, un grupo de veinte personas provenientes de once naciones viajó a lo largo de una ex ruta de comercio de esclavos en Francia, vestidos con réplicas de los yugos y las cadenas que los esclavos usaron en ese país. Mientras el equipo se dirigía hacia los antiguos puertos para ventas de esclavos de Ruán, Honfleur, Saint-Malo, Nantes, La Rochela y Burdeos, entregaban folletos pidiendo disculpas por el papel que los cristianos desempeñaron en un hecho tan injusto como lo es la trata de esclavos. Muchos descendientes de los que fueron esclavos que vivían en Francia quedaron profundamente conmovidos al ver lo que hacía este grupo de personas... «¡Al fin!», fue la reacción de la mayoría[2].

El propósito de cada uno de los participantes de esos viajes de oración era poner en práctica algo conocido como *arrepentimiento identificativo*. Semejante a la oración redentora, las oraciones de arrepentimiento identificativo consisten en lidiar con el pecado no confesado de otros (incluyendo el pecado de generaciones pasadas) y aceptar las consecuencias de ese pecado. En este capítulo, estudiaremos en detalle este tema y analizaremos de qué manera este concepto se relaciona en el contexto de la Escritura.

Justicia y misericordia

El arrepentimiento identificativo comprende las oraciones que nacen de nuestros atribulados espíritus cuando están preocupados desde lo más profundo por los pecados de otros. Cuando nos topamos con el aborto, la homosexualidad o alguna otra clase de injusticia, tomamos parte de la batalla a fin de orar por las secuelas que estos pecados dejan en la iglesia o en la sociedad. No obstante, en lugar de orar para que el juicio de Dios caiga sobre los que cometen esos pecados, pedimos a Dios que perdone. John Dawson, en su sensacional libro *Healing America's Wounds* [Sanación de las heridas de Estados Unidos], resume esta idea con precisión: «El arrepentimiento identificativo es una nueva manera de ayudar al oprimido, dar libertad al cautivo y aplacar el inminente juicio de Dios»[3].

Esto no significa que mediante nuestras oraciones consigamos el perdón de los pecados de otros. En Lucas 13:3, Jesús aclaró: «Todos ustedes perecerán, a menos que se arrepientan». El arrepentimiento es algo individual. Sin embargo, el énfasis del arrepentimiento identificativo no está en perdonar a la persona que cometió el pecado, sino en lidiar con las *consecuencias del juicio pendiente de Dios* contra ese pecado. Cuando nos identificamos con el pecado pasado o presente de otras personas y nos arrepentimos de ese pecado, le pedimos en sí a Dios que frene el castigo que se merece.

Cuando hacemos una oración de arrepentimiento identificativo, abogamos por los derechos de aquellos contra los que han pecado y pedimos liberación espiritual de los que están pecando. Vemos el pecado del mundo a través de los ojos de la misericordia y el perdón y pedimos la *misericordia* de Dios en lugar de su *justicia*. La justicia es un arma de doble filo: Castiga al pecador, pero castiga también a los cristianos y a la Iglesia ya que vivimos en un mundo en el que se cometió pecado y en el que se sufren las secuelas del pecado. La misericordia, asimismo, tiene dos caras: Nos permite experimentar la gracia de Dios y recibir la manifestación de sus bendiciones, pero también llega hasta los que no son salvos y a la sociedad. La misericordia y las bendiciones de Dios se extienden hacia la sociedad por medio de los cristianos que viven allí.

Una de las cosas más importantes en cuanto al arrepentimiento identificativo es que nos permite quitar la amargura que aflige el alma al ver las injusticias en el mundo. Pensar en el aborto de seguro que puede engendrar en nosotros amargura y convertirnos en opositores de cualquiera que tuviera un aborto. Sin embargo, podemos liberar ese sentimiento confesando el pecado que se comete en las clínicas donde se hacen abortos.

El amor de Dios es un camino mejor. A través de la oración, podemos amar a la gente en el Reino. Recuerda: algunas de las personas que más hemos deseado que Dios castigara, más tarde han encontrado a Cristo y ahora sirven a Dios con nosotros. Si Dios hubiera castigado a estas personas cada vez que pecaban, nunca habrían experimentado su misericordia. ¿Y qué hubiera pasado si Dios nos hubiera castigado por todos los pecados que cometimos antes de aceptar su salvación?

El arrepentimiento identificativo en las Escrituras

¿Es bíblico el arrepentimiento identificativo? Muchas personas creen que este concepto no tiene base bíblica y no puede justificarse con ejemplos de la Escritura. No obstante, presta atención a las palabras de Daniel:

> Esta fue la oración y confesión que le hice: Señor, Dios [...] Hemos pecado y hecho lo malo; hemos sido malvados y rebeldes; nos hemos apartado de tus mandamientos y de tus leyes [...] tanto nosotros como nuestros reyes y príncipes, y nuestros antepasados, somos motivo de vergüenza por haber pecado contra ti. (Daniel 9:4-5, 8)

Daniel estaba postrado sobre su rostro ante Dios confesando su pecado. Sin embargo, no confesaba solamente *sus* pecados. Setenta años después que llevaran cautivo a Israel, Daniel sufría por los pecados de sus ascendientes y sintió el deseo de ocuparse de ellos. Daniel se identificó con el pecado de sus antepasados y no se excluyó de esas transgresiones, pues sabía que si hubiera estado en ese momento, quizá hubiera hecho lo mismo. Daniel se arrepintió en nombre del pueblo de Israel y llegó a ser el mediador entre el pueblo y Dios. Confesó los pecados que llevaron al cautiverio a la nación para llegar a un acuerdo sobre las consecuencias de esos pecados y los israelitas pudieran regresar a su nación. Daniel basó su oración de arrepentimiento identificativo en la gracia de Dios, diciendo: «Al hacerte estas peticiones, no apelamos a nuestra rectitud sino a tu gran misericordia» (Daniel 9:18). ¡Daniel imploraba la misericordia de Dios!

El arrepentimiento identificativo no fue una actitud que se limitó solo a Daniel. Cuando Nehemías oró, identificó el pecado de los que lo llevaron al cautiverio:

> Te suplico que me prestes atención, que fijes tus ojos en este siervo tuyo que día y noche ora en favor de tu pueblo Israel. Confieso que los israelitas, entre los cuales estamos incluidos mi familia y yo, hemos pecado contra ti. (Nehemías 1:6)

Fíjate que Nehemías también se incluía en la oración de arrepentimiento identificativo cuando expresó: «*Mi familia y yo*, hemos pecado». Asimismo, Moisés también participó de un arrepentimiento identificativo cuando intercedió por Israel, después que pecara contra Dios haciendo un becerro de oro (lee Éxodo 32:31-32).

La oración paciente y constante

¿De algún modo el arrepentimiento identificativo en favor de otros les facilitará más su salvación? ¡Tal vez! Nuestra actuación les concederá un día más para vivir delante de Dios, y mientras una persona tenga la posibilidad de vivir, tendrá la posibilidad de arrepentirse y volverse a Dios.

Recuerda: cuando participamos del arrepentimiento identificativo no todo cambiará al instante. Aunque al entrar en la infinita misericordia de Dios cuando llegamos a su presencia, queda pendiente la lucha contra el poder del pecado. Todo pecado, ya sea el racismo, el aborto, la perversión sexual o alguna otra cosa, tiene mucho poder y mucha influencia. El pecado ha atrapado el corazón y los deseos de la gente en cualquier lugar, así que hace falta una tremenda cantidad de oración a fin de cambiar cualquier situación.

Aun el sacrificio de Jesús en la cruz del Calvario no produjo resultados instantáneos en el corazón de cada persona por la que murió Cristo. Con la muerte de Cristo, muchos endurecieron su corazón y persiguieron a los discípulos (lee Hechos 4:1-21). Algunos cristianos, como Ananías y Safira, pecaron por propia voluntad contra la sangre de Cristo (lee Hechos 5:1-11). Al igual que el sacrificio de Jesús no cambió de inmediato el corazón de cada persona después de su muerte y resurrección, nuestras oraciones redentoras no cambiarán al instante la situación. Debemos *prevalecer* en oración... orando con paciencia y constancia.

TU TAREA

Haz una lista de los pecados que sientes que más amenazan a la sociedad. Esta lista debe incluir las cosas que traerán el castigo de Dios sobre la sociedad.

Practica el arrepentimiento identificativo. Recuerda: el arrepentimiento identificativo involucra las oraciones de tu espíritu atribulado cuando estamos muy preocupados por los pecados de otros. Comienza este tipo de oración confesando el pecado de otros de modo que Dios pueda perdonarlos y retener su juicio sobre nuestra sociedad.

Ora por los que están involucrados en el pecado. Una vez que confiesas el pecado de otros, ora por personas específicas que participan en ese pecado. Intercede en su nombre a fin de que puedan venir a Cristo. «El Señor [...] tiene paciencia con ustedes, porque no quiere que nadie perezca sino que todos se arrepientan» (2 Pedro 3:9).

Quita toda amargura. Deja de lado cualquier dolor y amargura que te causaran los pecados de otros mediante la confesión de esos pecados. Pídele a Dios que te ayude a amar a esas personas para que entren en su reino, en lugar de perseguir y buscar la justicia en su contra.

Confiesa tus pecados. Cuando participas del arrepentimiento identificativo y Dios retiene el juicio, ganas. Cuando afrontas tu pecado y Dios derrama su misericordia sobre tu vida, ganas.

La misericordia de Dios siempre debe triunfar sobre la justicia de Dios. Y al final, Dios es el que recibe la gloria.

Notas

1. B.A. Robinson, *«Christian Apology for the Crusades: The Reconciliation Walk»,* Ontario Consultants on Religious Tolerance. http://www.religiuostolerance.org/chr_cru1.htm; accedido el 9 de enero de 2006.
2. *«Ambassadors in Chains-France 2002»,* The Lifeline Expedition. http://www.reconcile.org/index.html; accedido el 9 de enero de 2006.
3. John Dawson, *Healing America's Wounds*, Regal Books, Ventura, CA, 1995, s. p.

CAPÍTULO DIECISÉIS

cuando necesitamos sanidad

La oración de fe sanará al enfermo y el Señor lo levantará. Y si ha pecado, su pecado se le perdonará.

Santiago 5:15

Era un alumno de veinte años del Instituto Bíblico y durante los fines de semana pastoreaba la iglesia presbiteriana Westminster en Savannah, Georgia, cuando un día a las once de la noche la Sra. Van Brackle me llamó por teléfono. Esta mujer de ochenta años padecía cataratas y me pidió que fuera a su casa a orar por ella. Fue más bien una imposición, pero decidí ir a verla de todos modos.

Llegué pasada la medianoche, entré al dormitorio de la Sra. Van Brackle y encontré a sus dos nietos esperándome. Estuvieron bebiendo cerveza toda la noche y estaban un poco tomados. Ese día temprano, sus nietos llevaron a la abuela a una ciudad a más de ciento sesenta kilómetros para ver a un famoso curandero que celebraba una reunión en una gran tienda de campaña. Al parecer, el curandero no pudo sanar a la Sra. Van Brackle y le dijo que el fracaso se debía a su falta de fe. Creo que la Sra. Van Brackle y sus dos nietos se preguntaban si este hombre tenía fe para sanarla. Me sentí en un aprieto.

Antes de que orara, la Sra. Van Brackle me preguntó si podía colocar mis manos sobre sus ojos mientras oraba. Nunca antes había hecho esto, ni siquiera lo había visto hacer, así que no sabía bien cómo responder. Sin embargo, estaba seguro de que la Biblia enseñaba que Jesús ponía sus manos sobre las personas, de modo que por un momento vacilé y, luego, extendí las manos, las puse sobre la Sra. Van Brackle y le pedí a Dios que la sanara de su enfermedad y le devolviera la vista.

Después que me fui de la casa, olvidé la situación hasta que, al fin de semana siguiente, regresé al ministerio. La Sra. Van Brackle me mandó a llamar otra vez, y cuando entré a su dormitorio, me pidió la Biblia. La abrió y empezó a leer un pasaje en el libro de Isaías. Al principio no entendía lo que hacía, pero luego comentó: «Puedo ver... ¡usted me sanó!».

Su declaración me hizo sentir muy incómodo. Siempre luché con la cuestión de si hacía algo para Cristo o para mi propia gloria y todo este asunto de la «imposición de manos» me parecía pentecostal (¡y no quería que la gente pensara que yo era pentecostal!). Como resultado, al día siguiente en la iglesia no le conté a nadie lo que sucedido. Es más, por treinta años no se lo conté a nadie.

Entonces, ¿qué me perdí? Si en ese momento le hubiera dado la gloria a Dios por lo que Él hizo, podría haber fortalecido a la familia de la Sra. Van Brackle. Podría haber fortalecido a la iglesia al contarles que todavía Dios hace milagros. Podría haber fortalecido mi propia fe y creído más en el poder de Dios. Sin embargo, en ese momento de mi vida, me inquietaba la idea de que pudiera orar por sanidad y que las personas se sanaran en verdad.

El don de sanidad y la oración de sanidad

En 1 Corintios 12:30, Pablo hace esta pregunta: «¿Tienen todos dones para sanar enfermos?». Es evidente que lo que Pablo quería decir es que no todos tenemos este don. Por lo tanto, lo primero que hay que entender es que al hablar de sanidad existe una diferencia entre el *don de sanidad* y la *oración de sanidad.*

En el libro de los Hechos, vemos que algunas personas se sanaban a través del don de sanidad. Algunos de los apóstoles tenían este don: «Los apóstoles hacían muchas señales milagrosas y maravillas entre la gente» (Hechos 5:12, NTV). El libro de los Hechos también declara: «Multitudes llegaban desde las aldeas que rodeaban a Jerusalén y llevaban a sus enfermos y a los que estaban poseídos por espíritus malignos, y todos eran sanados» (v. 16, NTV).

Algunas personas dicen que el don de sanidad es uno de esos dones espirituales que estuvo vigente solo durante el tiempo de los apóstoles y que cuando los apóstoles desaparecieron de la escena, también lo hizo este don en particular. San Agustín, por ejemplo, creía que el don de sanidad había cesado[1]. No obstante, cuando una persona en su iglesia se sanó de ataques de epilepsia, Agustín cambió de opinión y le añadió una nueva sección sobre la sanidad a su libro *La ciudad de Dios*[2]. En realidad, esta podría ser una descripción demasiado fuerte de la revocación de Agustín (una lectura más detallada de sus obras parece sugerir que seguía creyendo que el don de sanidad había cesado, pero que era válida la *oración de sanidad*). Me inclino a pensar como Agustín en que Dios todavía sana, pero que lo hace en respuesta a la oración.

La oración por sanidad debe ser algo tan común como la Escuela Dominical o la visita a los necesitados. Por supuesto, no me refiero a que haya que entusiasmarse mucho con la sanidad. Algunas iglesias han exagerado tanto la sanidad que las conocen por su «línea de sanidad». Algunos individuos creen por error que tienen el poder para sanar, cuando en realidad la sanidad viene en respuesta a la oración. Lo que estoy intentando decir es que no debe hacerse demasiado hincapié en la sanidad, pero tampoco se le debe restar importancia. Necesitamos mantener la sanidad en la perspectiva adecuada.

Cuando nos negamos a creer en la sanidad física, colocamos el cuerpo en un segundo plano. Decimos, en esencia, que Dios salva el alma, pero no hace nada por el cuerpo. El alma se convierte en el único asiento espiritual, lo que resulta en una falsa dicotomía, ya que no podemos tener la presencia de Dios en nuestro asiento espiritual y no dejar que su gloria brille a través de nuestro cuerpo. A Dios le interesa tanto la vida física como la espiritual. Se preocupa por lo que comemos, cómo disciplinamos el cuerpo, qué vestimos y si sufrimos.

Debido a que Dios nos salvó, nuestra alma vivirá por siempre... pero también nuestro cuerpo vivirá por siempre. Esto significa que la salvación influye en toda la vida: nuestra alma y nuestro cuerpo. ¿No deberíamos entonces esperar sanidad en nuestras emociones y nuestra mente así como en nuestro cuerpo y nuestra alma?

Cómo llega la sanidad

Antes de que consideremos el papel de la oración para revocar la enfermedad, analicemos cómo el cuerpo y el alma logran la sanidad. Por ejemplo, Dios nos provee de médicos que hacen diversas cosas a fin de que nos mantengamos saludables: detienen el cáncer; nos suministran antibióticos para combatir las enfermedades; nos aconsejan en cuanto a la alimentación, el descanso, la recreación y la actividad física. La Biblia enseña que «toda buena dádiva y todo don perfecto descienden de lo alto» (Santiago 1:17), lo que sugiere que el regalo de la medicina proviene de Dios. (Por supuesto, es importante tener en cuenta que todo lo que hace un médico no nos mantiene saludables. Los médicos pueden detectar el origen de la enfermedad, pero en el análisis final, el cuerpo es el que se sana solo).

No obstante, existe otro don: el don de aconsejar por medio de ministros y otros terapeutas piadosos. Dios nos provee psicólogos, psiquiatras y personas capacitadas para tratar patologías mentales (ya sean neurosis, psicosis o solo un problema mental que perturbe a la persona). Estos terapeutas ayudan a la gente a pensar en normas saludables y asisten la mente y las emociones de las personas durante el proceso de sanidad. A la larga, estos pacientes, en términos holísticos, desarrollan una buena salud.

Dios también pone a nuestro alcance muchas otras especialidades dentro de las ramas de la medicina. Cada una de estas especialidades se ocupa de una parte específica del cuerpo o de la mente. Dios nos ha provisto estas personas para que tengamos una salud física y mental integral.

A esto deberíamos agregarle el poder de la oración sanadora. A veces Dios sana directamente solo mediante su poder. Sin embargo, otras veces sana a través de la oración y el uso de la medicina, la cirugía, el ejercicio, los medicamentos y otras formas de terapia. ¿Y cómo oramos por sanidad? Oramos pidiéndole a Dios que les dé sabiduría a los médicos para que receten el medicamento adecuado. Oramos pidiéndole a Dios para que las medicinas sean eficaces para curar el cuerpo. Y oramos pidiéndole a Dios que detenga todo lo que pueda ser perjudicial para la salud.

Asimismo, debemos orar para que Dios revele cualquier factor oculto o desconocido que pueda estar causando la enfermedad. A finales de la década de 1960, tuve un colega en la enseñanza de la escuela *Trinity Evangelical Divinity* que contrajo una enfermedad grave y lo llevaron al hospital. En el hospital le hicieron varios estudios para tratar de determinar por qué se había enfermado, pero no pudieron encontrar la causa de la enfermedad. Sin embargo, después de haber estado ingresado unos días, mi colega mejoró. Le dieron de alta y lo mandaron a su casa.

Una vez en casa de nuevo, mi colega se enfermó otra vez. Regresó al hospital, pero los médicos seguían sin poder encontrar el origen del problema. Aun así, pudieron observar que, al parecer, tenía los mismos síntomas que padecían los niños que vivían en los barrios pobres de la zona céntrica de la ciudad y que en ese momento estaban expuestos al saturnismo. Sin embargo, mi colega vivía en un barrio residencial periférico y no había estado expuesto a pintura con sales de plomo (o al menos eso era lo que creía). Así que los médicos siguieron buscando otra causa del problema.

Fue entonces cuando toda la familia de mi colega empezó con los mismos síntomas. En ese momento, dejaron de orar por la sanidad y empezaron a pedirle a Dios que los ayudara a encontrar el origen del problema físico. Poco tiempo después, descubrieron que el culpable era un hermoso juego de porcelana china que trajeron de un viaje misionero. Las tazas no se cocieron bien en un horno ni se selló el acabado de cerámica, así que cuando servían té caliente, este se mezclaba con la pintura con plomo. Dios contestó la oración por la sanidad de mi colega al responder la oración pidiendo iluminación con respecto a lo que causaba la enfermedad en la familia.

Al final, podemos distinguir dos extremos en la oración por sanidad: (1) confiar solo en la oración y negar cualquier diagnóstico médico o cualquier medicina; o (2) confiar de manera exclusiva en los médicos y terapeutas y recurrir a la oración como último recurso cuando fallan los medicamentos prescritos y el tratamiento. ¿No deberíamos buscar al mismo tiempo sanidad tanto en el campo de la medicina como en la oración?

Tengamos fe en el poder sanador de Dios

La oración por sanidad siempre debe comenzar tratando el alma de la persona enferma. Cuando Jesús sanaba a la gente, casi siempre apuntaba primero a la vida espiritual del enfermo. Por ejemplo, Jesús le aconsejó al hombre que hacía treinta y ocho años que no caminaba: «No vuelvas a pecar, no sea que te ocurra algo peor» (Juan 5:14). En otras ocasiones, Jesús le ordenaba a la persona enferma que fuera al sacerdote y le contara lo sucedido. Jesús siempre dirigía a la persona sanada hacia Dios.

No obstante, cuando oramos por la condición espiritual del enfermo, necesitamos asegurarnos que eso no se convierta en una forma de escapar de nuestra falta de fe de que Dios también puede sanar a la persona de manera *física*. Casi ninguno de nosotros tiene problema en creer que Dios puede cambiar la mente de una persona, pero cuando llega el momento de creer que la persona en verdad puede recibir sanidad física... bueno, hace falta un poco más de fe.

Esto sucede en especial cuando la persona padece un problema físico delicado. Cuando el cáncer ya está avanzado, es difícil orar por sanidad. Cuando alguien tiene una lesión grave, es difícil creer que Dios puede hacer que vuelva a caminar. Por lo tanto, cuando oramos por sanidad, también debemos comenzar por nuestra falta de fe. Tenemos que orar como lo hizo el padre del joven endemoniado que se sacudía: «¡Sí creo! [...] Ayúdame en mi poca fe» (Marcos 9:24). Debemos tener fe en la sanidad antes de poder orar por sanidad.

Al comienzo de este capítulo conté la historia de cómo Dios sanó a la Sra. Van Brackle cuando le impuse las manos y oré por ella. Como dije, la falta de fe en esta situación me impidió confiar en que Dios podía hacer cosas mayores aun en la familia de la Sra. Van Brackle, aparte de curar su vista. A fin de cuentas, por mi falta de fe, impedí el fortalecimiento de la familia de la Sra. Van Brackle, de la iglesia y de mi vida. Necesitamos tener fe en el poder de Dios para que no limitemos la obra que Él quiere hacer en nuestra vida.

Ahora bien, esto no significa que sanarán todos los enfermos por los que oremos. Después de todo, hasta Jesús no sanó a todos los que venían a Él. Por ejemplo, cuando Jesús viajó a Jerusalén y se acercó a un lugar conocido como el estanque de Betzatá, vio allí que «se hallaban tendidos muchos enfermos, ciegos, cojos y paralíticos» (Juan 5:3). Sin embargo, Jesús solo sanó al hombre que hacía treinta y ocho años que estaba inválido (vv. 5-9).

En otras ocasiones, Jesús curó a todos los que venían a Él por sanidad (lee Mateo 12:15). Y algunas veces la Biblia dice que Jesús sanó a muchos de los enfermos, pero no a todos: «Al atardecer, cuando ya se ponía el sol, la gente le llevó a Jesús *todos* los enfermos [...] Jesús sanó a *muchos* que padecían de diversas enfermedades» (Marcos 1:32,34, énfasis añadido). Jesús no sanó a todos tal como no sanará a todos los enfermos por los que oremos. Sin embargo, hay una importante diferencia aquí: Jesús sanó a todos por los que oró, pero no oró por todos los que necesitaban sanidad.

Requisitos para la sanidad

Muchas personas creen que la promesa que aparece en Santiago 5:15: «La oración de fe sanará al enfermo» es una promesa universal y que cualquiera o todos recibirán sanidad cuando oren. Si así fuera, ¿por qué entonces no caminamos por la sala del hospital y hacemos una oración de fe por cada uno? ¿Y por qué algunas personas se curan cuando oramos con fe y otras no? Si afirmamos en forma terminante que «la oración de fe sanará al enfermo», debemos también cumplir estrictamente con los requisitos que se mencionan en el contexto de la promesa en el capítulo cinco de Santiago. Analicemos algunos de esos requisitos:

1. *Se debe llamar a los ancianos de la iglesia.* Primero, el enfermo debe llamar a los ancianos de la iglesia (líderes de la asamblea local) para orar por sanidad (lee el v. 4). Esto significa que las personas que practican la oración de fe son los líderes espirituales del enfermo (lee Hebreos 13:7; 1 Timoteo 5:17), lo que presume que existe una relación espiritual entre el que ora y el enfermo. Parece que Dios establece un vínculo entre la sanidad y la oración de los líderes de la iglesia. Quizá algunas personas que oren por sanidad no obtienen resultados porque excluyen a la iglesia local.

2. *Debe analizarse cualquier conexión que pueda existir entre el pecado y la enfermedad.* Santiago 5:15 declara: «La oración de fe sanará al enfermo y el Señor lo levantará. Y si ha pecado, su pecado se le perdonará». Esto sugiere que los pecados del enfermo se relacionan con la enfermedad. En 1 Corintios 11:29-30, Pablo hace una declaración similar cuando vincula la enfermedad (e incluso la muerte) en la iglesia con los que participaban de la Cena del Señor en pecado. Esto se relaciona con el primer requisito: es probable que un líder de la iglesia sepa del pecado en la vida de la persona enferma y esté preparado para restaurar de manera espiritual a la persona antes de lidiar con la enfermedad física. Tal vez muchas de las oraciones de sanidad no reciban respuesta debido a que se ha descuidado la cuestión del pecado.

3. *El enfermo debe confesar sus pecados.* Parece que la confesión del pecado es otro de los requisitos para la sanidad: «Por eso, confiésense unos a otros sus pecados, y oren unos por otros, para que sean sanados» (Santiago 5:16). Por lo tanto, antes que suceda la sanidad, la persona enferma debe reconocer cualquier pecado de descuido hacia Dios o de apartarse de Él que quizá causara la enfermedad.

4. *No olvidar el juicio de Dios.* Santiago comienza la parte que habla sobre la oración de fe con una advertencia: «No caigáis en condenación» (Santiago 5:12, RV-95). A veces, la enfermedad puede venir como resultado de la consecuencia de un pecado y del juicio de Dios. En tales casos, cuando una persona recibe la enfermedad como castigo, el que intercede debe lidiar primero con la cuestión del pecado.

Es interesante recalcar que la palabra griega que se traduce como «oración» en este pasaje es *proseújomai*, la cual, como recordarás del capítulo 1, sugiere un contacto cara a cara con Dios. Por lo tanto, esta clase de oración no es una en la que le pedimos a Dios que sane, ni le exigimos que haga algo y le rogamos que traiga sanidad. En cambio, es una oración de sanidad que implica una relación con Dios: el enfermo debe mirar a Dios y volver a la comunión con el Padre celestial.

Observaciones

Mientras observamos estos requisitos que Santiago expone en su carta y oramos por sanidad, necesitamos recordar algunos puntos importantes. A continuación se mencionan diez cosas importantes a considerar cuando le pedimos a Dios que traiga sanidad:

1. No exijas

Es posible que Dios no sane como pedimos o como esperamos. Por lo general, las personas no se levantan de la cama al instante, ni tampoco la fiebre baja al momento, ya que una de las premisas principales es que el cuerpo se cura solo. Dios puede responder nuestras oraciones quitando la enfermedad del cuerpo... pero llevará tiempo hasta que la persona recupere fuerzas a través de un buen descanso, los alimentos y la actividad física.

2. Sé sencillo

La oración de sanidad no tiene que ser embrollada ni extensa, con motivos interminables. Dios no nos oye por lo larga que sean nuestras oraciones, ni por lo llamativas que sean, ni por la manera de expresarlas. Una oración sencilla y directa es como cuando una persona pide ayuda a otra: «¿Me ayudas?». La respuesta de Dios es simple: «Sí».

3. Ora por fortaleza

A veces la enfermedad es psicosomática, lo que significa que el enfermo no está enfermo en realidad como cree estar. Solo piensa que está enfermo. Muchas personas se provocan la enfermedad por un pensamiento equivocado. No obstante, cuando oramos con fe y estamos atentos a la respuesta de Dios, el enfermo puede tomar fuerzas de nuestra intercesión y «sanarse» gracias a nuestra declaración de fe.

4. Recuerda que Dios siempre está involucrado

A menudo la sanidad se relaciona con los tiempos de Dios y es probable que Él haya estado actuando en la situación mucho antes que nosotros nos involucráramos. Tal vez la fiebre del enfermo haya completado su ciclo o los antibióticos frenaran la enfermedad cuando Dios nos guía a orar con fe y sucede la sanidad. Dios no está limitado al tiempo y «llama las cosas que no son como si ya existieran» (Romanos 4:17). Dios participa en el proceso mucho antes de que oremos... Nuestra oración puede tan solo ser el hecho culminante al final de un largo proceso de sanidad.

5. Pon las manos sobre la persona

La imposición de manos en la persona es un símbolo externo importante que se enseña a lo largo de la Biblia. Cuando imponemos las manos sobre un enfermo, la fe libera el poder para una vida saludable o para sanidad en la persona. En muchas ocasiones en la Escritura, se menciona que Jesús tocó a los enfermos cuando los sanaba (lee Marcos 6:5; 8:22-25) y Pablo hizo lo mismo (lee Hechos 28:8-9). Sin embargo, es importante recordar que la imposición de manos no es lo que trae sanidad, sino que la sanidad viene por medio de Cristo que obra en nosotros.

6. Formula preguntas

Deberíamos siempre hacer preguntas antes de orar. Si vamos directo a la oración sin antes preguntar, es posible que nos equivoquemos al orar o que oremos en el momento menos indicado. Santiago nos advierte sobre el orar mal (lee Santiago 4:3). Yo aprendí esto a fuerza de errores.

Cuando saludo a la gente que asiste a mi clase de Escuela Dominical, también me fijo en los asientos vacíos para darme cuenta de los ausentes. Luego, durante la semana, llamo por teléfono a los que no vinieron, les digo que los extrañé y les pregunto si tienen algún motivo de oración. Me parece que es una muy buena manera de descubrir los sueños y las necesidades espirituales.

En una de esas llamadas, una chica que asistía a mi clase me preguntó si podía orar por su mamá que estaba muriendo. Sin preguntarle nada y sin escucharla, le respondí con palabrería: «Vamos a orar para que se cure».

«No», contestó y entonces me explicó los problemas graves que enfrentaba su mamá. Después pidió que orara para que su madre muriera de manera espontánea y sin dolor.

Oré por ella y poco tiempo después murió sin dolor. No obstante, si la mujer no me hubiera detenido, habría orado mal por algo que no estaba en la voluntad de Dios. Siempre necesitamos hacer preguntas a la persona para identificar sus necesidades y así estar seguros de que oramos como es debido.

7. Pon en práctica el escuchar

Deberíamos siempre poner en práctica el escuchar al enfermo antes de orar. Uno puede aprender mucho: tal vez descubramos por qué está enfermo, las luchas espirituales que tiene y cuál es la mejor manera de orar por esa persona. Cuando Jesús sanó al hombre en el estanque de Betzatá, primero preguntó: «¿Quieres quedar sano?» (Juan 5:6). Por supuesto que el hombre quería sanarse ya que estaba en el estanque de Betzatá esperando que un ángel viniera y moviera el agua (lee el v. 4). El hombre le respondió la pregunta de Jesús con una explicación acerca del porqué no se había sanado: «Señor [...] no tengo a nadie que me meta en el estanque mientras se agita el agua, y cuando trato de hacerlo, otro se mete antes» (v. 7). Al hacerle preguntas y escucharlo, Jesús despertó en el hombre la esperanza.

8. Fortalece la fe antes de ejercitarla

Deberíamos fortalecer la fe antes de ejercitarla. Es como un bateador que, antes de salir a la base, se estira para aflojar los músculos, o como un jugador de golf que practica un *swing*. Cuando llamo a los ausentes en la Escuela Dominical, casi siempre les hago dos preguntas: «¿Por qué quieres que ore?», lo cual desafía su fe, y: «¿Qué te gustaría que Dios haga por ti?». Esto me ayuda a orar por la persona de manera específica, pero también aumenta mi fe y la de la otra persona al saber lo que esperamos de Dios.

9. Ora en voz alta

Cuando oramos en voz alta con la persona enferma, estamos cumpliendo con los requisitos que presenta Santiago, quien nos dice «oren unos por otros» (Santiago 5:16). La palabra «oren» que se utiliza en este versículo es *eujomai*, que significa hacer un voto delante de Dios. Así que cuando cumplimos en oración nuestro voto, le decimos en oración lo que queremos que haga. Esto se parece a los requisitos que Jesús dio para orar: «Les aseguro que si alguno le dice a este monte: "Quítate de ahí y tírate al mar", creyendo, sin abrigar la menor duda de que lo que dice sucederá, lo obtendrá» (Marcos 11:23).

10. Sé específico

Por último, necesitamos ser específicos en nuestros motivos de oración a Dios. Yo lo llamo *dilo con fe*[3]. Cuando en oración decimos lo que queremos, nuestra fe aumenta para creer que Dios puede sanar. Muchas personas hacen oraciones vagas, diciendo: «Señor, bendice a este enfermo». Por supuesto que Dios bendeciría a esa persona dándole sanidad, pero cuando pedimos por *sanidad* específica, ejercitamos la oración de fe.

TU TAREA

Ora por algún achaque físico que tengas. No importa lo que planeas hacer con tu problema físico, ora de manera específica por esto. Ahora considera lo que hiciste. ¿Cómo te sientes con tu oración? ¿Qué papel piensas que representó la oración en tu recuperación?

Escribe en tu diario cómo te sanaste. Asegúrate de incluir el papel que piensas que desempeñó la oración en el proceso de sanidad.

Pídele a Dios que te enseñe a orar por la enfermedad. Cuando le hagas a Dios esta petición, vuelve a este capítulo y repasa los principios de sanidad. Cuando uno sabe cómo Dios sana, orará con mayor confianza.

Notas

1. San Agustín fue el obispo de Hipona desde 396 hasta 430, uno de los padres latinos de la iglesia, uno de los doctores de la iglesia y quizá el pensador cristiano más importante después del apóstol Pablo.
2. Agustín, *La ciudad de Dios*, traducción al inglés Gerald G. Walsh y Daniel J. Honan (Fathers of the Church, Nueva York, 1954), libro 22, capítulo 8.
3. Véase de Elmer Towns, *Say-It-Faith*, disponible en inglés y en línea en www.elmertowns.com bajo el enlace: «Books online».

CAPÍTULO DIECISIETE

cuando perdemos la esperanza

Examíname, oh Dios, y sondea mi corazón; ponme a prueba y sondea mis pensamientos. Fíjate si voy por mal camino, y guíame por el camino eterno.

Salmo 139:23-24

¿Alguna vez te has sentido como si estuvieras en un pozo y Dios no estaba allí? ¿Alguna vez has pasado por un momento en el que parecías estar en un desierto, muerto de hambre, sin saber hacia dónde huir? ¿O tal vez hayas sentido como si estuvieras en una habitación oscura sin poder encontrar la puerta? Orabas, pero te sentías solo; cuando clamabas a Dios, te parecía que Él no escuchaba. ¿Qué hiciste entonces?

Muchas personas que enfrentan situaciones como estas y momentos oscuros en la vida se encierran en la *oración introspectiva*. En vez de mirar hacia arriba, miran hacia dentro. Se quejan... pero sobre todo se sienten culpables. Como resultado, terminan en un estado de desesperanza, desánimo y depresión peor. En este capítulo, analizaremos algunas de las causas y los problemas relacionados con la oración introspectiva y determinaremos si son de provecho para nuestra vida.

Las causas y los efectos de la introspección

Quizá Job sea el mejor ejemplo que aparece en la Biblia de una persona que elevó oraciones introspectivas. Job no hizo nada malo y, aun así, fue víctima de la violencia, el robo y la ruina. Padeció dolores y penalidades increíbles: le robaron su ganado, un rayo del cielo mató a sus ovejas y pastores, sus hijos e hijas murieron cuando les cayó encima una casa y sus camellos y otros siervos murieron en otro asalto (lee Job 1:13-19). Una y otra vez, Job clamó a Dios pidiendo liberación. Poco tiempo después, Job comenzó a mirar dentro de sí. Presentó quejas a Dios y se culpó por su desgracia.

La oración introspectiva siempre tiene sus raíces en el temor. Después que le quitaron la salud a Job, clamó: «Lo que más temía, me sobrevino; lo que más me asustaba, me sucedió [...] ¿Qué fuerzas me quedan para seguir esperando? ¿Qué fin me espera para querer vivir?» (Job 3:25; 6:11). Asimismo, la oración introspectiva siempre se centra en la culpa propia y en la autocompasión, cosas que también soportó Job:

> ¿No tenemos todos una obligación en este mundo? ¿No son nuestros días como los de un asalariado? Como el esclavo que espera con ansias la noche, como el asalariado que ansioso espera su paga, meses enteros he vivido en vano; ¡me han tocado noches de miseria! Me acuesto y pienso: «¿Cuánto falta para que amanezca?». La noche se me hace interminable; me doy vueltas en la cama hasta el amanecer. (Job 7:1-4)

¿Cuál es el resultado de esta oración? Desesperanza total. Al considerar la situación, Job no tuvo más que quejarse: «Mis días se van más veloces que una lanzadera, y sin esperanza alguna llegan a su fin. Recuerda, oh Dios, que mi vida es un suspiro; que ya no verán mis ojos la felicidad» (Job 7:6-7). La esposa de Job expresó mucho del mismo sentimiento cuando le dijo: «¿Todavía mantienes firme tu integridad? ¡Maldice a Dios y muérete!» (Job 2:9).

En la vida habrá muchos momentos en los que nos sentiremos abandonados por Dios y perderemos las esperanzas. Sin embargo, la verdad es que nunca estamos solos. Dios está en todas partes al mismo tiempo. Jesús ha prometido: «Nunca te dejaré; jamás te abandonaré» (Hebreos 13:5). El Señor siempre está con nosotros... el problema es que no siempre sentimos que Él está allí. ¿Qué interrumpe nuestra comunicación con Dios y nos hace sentir su ausencia?

A veces, es un pecado conocido que no entendemos que bloquea nuestra relación con Dios. En ocasiones, es un pecado desconocido. Otras veces, es posible que no sintamos la presencia de Dios porque nos interesa más nuestra vida, nuestras necesidades, nuestros planes y nuestros dolores. Nos involucramos tanto en nuestra condición que no somos capaces de ver la mano de Dios que guía los asuntos cotidianos.

Algunas veces no es un pecado, sino una mala decisión que tomamos. Tal vez llegáramos al desvío del camino y sabíamos que Dios quería que tomáramos el camino de la derecha, pero decidimos pasar por alto la instrucción de Dios y doblamos a la izquierda. Quizá sea por eso que el que está en los cielos está callado. No nos dice que tomamos el camino equivocado... deja que las consecuencias nos hagan ver que nos equivocamos. No podemos esperar que Él venga de nuevo y nos indique el camino adecuado porque ya lo hizo antes. Y si hablara, ¿en verdad escucharíamos?

A veces el problema no es el pecado ni la desobediencia, sino la distracción. Tal vez Dios quería que ayudáramos a alguien, pero estábamos demasiado ocupados en nuestros asuntos. O quizá Dios quería decirnos algo, pero no estábamos escuchando. La única forma que Dios tiene para llamar la atención en situaciones así es dejándonos de hablar hasta que estemos listos para volver a escucharlo. Al obligarnos a mirar hacia dentro en oración, podemos empezar a buscar respuestas en nuestro interior.

La introspección trae conocimiento de uno mismo

Visto de este modo, la oración introspectiva trae un bien increíble: el conocimiento de uno mismo. Entender lo que *no podemos* hacer en la vida es un regalo maravilloso, pero entender lo que *podemos* hacer es un regalo mejor aun. ¡Feliz es el hombre o la mujer que conoce los límites de sus capacidades espirituales!

El fundamento del conocimiento de uno mismo que obtenemos mediante la introspección puede convertirse en el fundamento sobre el que edifiquemos el resto de nuestra vida. Cuando edificamos sobre la base de un conocimiento adecuado de nosotros mismos, podemos entonces corregir, agregar o borrar cosas en nuestra vida. Cuando actuamos como es debido basados en el conocimiento propio que hemos logrado, desarrollamos una espiritualidad holística.

No obstante, si la oración introspectiva es la *única* clase de oración que hacemos, no pasará mucho tiempo antes de que estemos en problemas. Terminaremos derrotados, enredados en el pecado del corazón. Acabaremos desanimados porque solo veremos nuestras fallas. Concluiremos castigándonos por cosas que hicimos o decisiones que tomamos. Cuando miramos dentro de nosotros mismos con sinceridad, no nos gustará lo que veremos. Pablo miró dentro de sí y clamó: «De hecho, no hago el bien que quiero, sino el mal que no quiero. Y si hago lo que no quiero, ya no soy yo quien lo hace sino el pecado que habita en mí» (Romanos 7:19-20). Nunca debemos dejar que la oración introspectiva sea solo una mirada a nuestro interior.

¿Cuántas veces hemos ido al médico y le hemos dicho lo que pensábamos que era el problema solo para descubrir, después de un examen exhaustivo, un problema distinto por completo? La causa de nuestra enfermedad puede ser algo diferente a lo que pensamos en un primer momento. A veces el médico debe actuar con decisión para salvarnos la vida o recomendarnos un medicamento o ejercicio que cambie las circunstancias. El asunto es que, cuando tenemos algún dolor físico, debemos tomar la decisión de buscar asesoramiento médico. De la misma manera, cuando nos «encerramos» en una angustia introspectiva, debemos buscar un diagnóstico divino.

Cuando hacemos un viaje introspectivo a las partes más íntimas, siempre debemos pedirle a Dios que nos acompañe para que así podamos ver lo que Él quiere que apreciemos. El salmista escribió: «Examíname, oh Dios, y sondea mi corazón; ponme a prueba y sondea mis pensamientos. Fíjate si voy por mal camino, y guíame por el camino eterno» (Salmo 139:23-24). Cuando desarrollamos una actitud introspectiva, necesitamos estar seguros de que nos vemos a través de los ojos de Dios. ¿Por qué? Porque Dios nos revela lo que necesitamos ver y nos protege de lo que no debemos ver.

Para nuestro propio bien, Dios no nos muestra todos los aspectos malvados del corazón, ya que si lo hiciera, quedaríamos abrumados. Pablo hizo este recorrido interno y concluyó:

> La verdad es que no entiendo nada de lo que hago, pues en vez de hacer lo bueno que quiero hacer, hago lo malo que no quiero hacer. Pero, aunque hago lo que no quiero hacer, reconozco que la ley es buena. Así que no soy yo quien hace lo malo, sino el pecado que está dentro de mí. (Romanos 7:15-17, *TLA*)

Introspección y arrepentimiento

¿Cómo nos sentimos al final de una oración introspectiva? Es normal que nos sintamos desanimados o deprimidos. Después de un tiempo de introspección, Pablo expresó cómo se sintió cuando exclamó: «¡Soy un pobre miserable! ¿Quién me librará de este cuerpo mortal?» (Romanos 7:24). Orar con una mirada introspectiva es como entrar a un baño sucio y con mal olor; la experiencia es desagradable, así que nos marchamos.

¿Qué se hace cuando la oración introspectiva nos deja tirados en medio de la basura? Cuando los israelitas pecaban, ofrecían un sacrificio a Dios y nosotros podemos hacer lo mismo. Podemos ofrecerle nuestra vida a Dios y permitir que la sangre de Jesucristo nos limpie de todo pecado (lee 1 Juan 1:7). La oración introspectiva debe conducirnos a la limpieza.

El perdón nos promete un nuevo comienzo y nos permite empezar de nuevo. Sin embargo, no podemos tan solo pasar por alto el pecado que hallamos con la introspección. Debemos tratarlo con sinceridad, mediante el arrepentimiento, y apartarnos de él. Debemos alejarnos de nuestra depresión y de los errores y obviar cualquier otra cosa que nos mostrara la oración introspectiva. Además, una vez que aprendamos la verdad sobre nosotros mismos, necesitamos usar ese conocimiento para construir una vida nueva y un futuro mejor.

TU TAREA

Usa la introspección con cuidado. Por momentos tendrás una actitud introspectiva, pero siempre utilízala para descubrir problemas y, luego, para pedir perdón en la sangre de Jesucristo. No te quedes enredado en tus fracasos y defectos, ni termines siempre haciendo oraciones introspectivas.

Reclama la victoria de Dios. Después de un período de introspección, adopta la *oración de victoria* y reclama el triunfo de Dios sobre cualquier pensamiento que pueda llevarte a la depresión. Empieza con una oración de alabanza donde le das gracias a Dios por todas las cosas en tu vida. Al final, concluirás con una oración de adoración en la que tus pensamientos se centrarán en Dios y no en tus problemas. ¿No es el equilibrio la clave de todo?

Vive cada momento en la presencia de Dios. Cuando te ensimismas en la oración introspectiva, dejas de alabar a Dios. Así que haz de eso un momento para enfocarte en Dios y su presencia, no en tus penas y dolores. Deja que la fortaleza de Dios controle tu vida.

CAPÍTULO DIECIOCHO

Cuando nos involucramos en la guerra espiritual

Mientras Moisés mantenía los brazos en alto, la batalla se inclinaba en favor de los israelitas; pero cuando los bajaba, se inclinaba en favor de los amalecitas.

ÉXODO 17:11

Parado en la cima de la colina, Moisés observaba cómo la batalla se desenvolvía en la llanura. A Israel lo atacaba la nación impía de Amalec; un país que había odiado a Yahvé y a los israelitas durante cuatrocientos años, y que seguiría peleando en contra de Israel por los próximos mil años. La batalla que se extendía por la llanura ante Moisés no solo era una lucha espada contra espada y fuerza física contra musculatura. La lucha encarnizada era una batalla espiritual. Era el reino de la luz contra el reino de las tinieblas, Dios contra Lucifer.

Cuando Moisés levantaba las manos en señal de intercesión delante de Dios, prevalecían Josué y los israelitas. Sin embargo, la lucha se alargó y Moisés se cansó de mantener las manos extendidas. Entonces sucedía que cuando bajaba las manos, los amalecitas empezaban a prevalecer en la batalla. ¿Qué podía hacerse?

> Cuando a Moisés se le cansaron los brazos, tomaron una piedra y se la pusieron debajo para que se sentara en ella; luego Aarón y Jur le sostuvieron los brazos, uno el izquierdo y otro el derecho, y así Moisés pudo mantenerlos firmes hasta la puesta del sol. (Éxodo 17:12)

Con los brazos de Moisés apoyados, Josué fue capaz de ganar la batalla contra los amalecitas. El punto de la historia es claro: Cuando los intercesores participan en la oración de guerra, el pueblo de Dios es victorioso. Solo cuando Moisés no tuvo compañeros de oración fue que el enemigo se precipitó para arrollar las fuerzas de Dios. Sin embargo, también hay otra lección importante que aprender: Cuando no podemos prevalecer en oración intercediendo por nuestra propia cuenta, Dios envía otros que ayudan a interceder. Cuando dos o más personas se unen en oración, hay poder (lee Mateo 18:19).

Señales de una guerra espiritual

A menudo, la guerra espiritual comienza como una distracción interna mientras oramos. Quizá nos hallemos luchando con nosotros mismos a fin de superar las distracciones, la pereza o los pensamientos vanos, o tal vez luchemos contra la tentación, la lujuria o las influencias malignas que nos rodean. A veces, la presencia del mal puede sentirse en el ambiente tal como la humedad se siente en un día de niebla... no hay lluvia, pero el rostro suda por la misma humedad del ambiente. Cuando nos percatamos de que la presencia del mal nos distrae de la oración de esta manera, podemos: (1) enfrentar y reprender a los demonios, (2) oponernos al poder demoníaco o (3) reclamar el poder sobrenatural de Cristo mientras luchamos contra las distracciones.

Algunas veces, cuando intentamos orar, es posible que nos sintamos distanciados de Dios y no logremos conversar con Él. Es como intentar hablar con alguien en un avión, pero los anuncios por el altavoz nos distraen de la conversación. Hubo momentos en mi vida en los que tenía tantas distracciones que se me hacía difícil concentrarme en la oración. Fueron ocasiones en las que sentía la tentación de pensar en otra cosa que no fuera Dios. Tuve que luchar para mantener mi mente atenta a la oración.

Entonces, ¿qué podemos hacer cuando enfrentamos esta primera forma de guerra espiritual? Primero, podemos poner todo el esfuerzo mental en la oración. Cuando esto no da resultados, podemos pedirle a Dios que nos ayude a superar la interrupción. Hubo momentos en los que oré: «Dios, ayúdame a mantener mi mente en este asunto para que pueda orar». Otra opción es cambiar de lugar. A menudo cambio de posición: oro de pie y camino por la oficina para evitar distracciones. Algunas veces hasta voy de habitación en habitación mientras lucho para «llegar» a Dios a través de mis oraciones.

Además, también podemos usar símbolos como el bautismo, la cena del Señor y la cruz que sirven como recursos en medio de la guerra espiritual. Cuando los israelitas pelearon contra los amalecitas, Moisés se paró en la cima de una colina con la vara de Dios en la mano (lee Éxodo 17:9). Moisés tenía que extender la vara como un símbolo del poder de Dios en la vida de los israelitas. Claro que algunas veces los recursos que necesitamos son, en definitiva, más prácticos, tales como un banco en una iglesia o una alfombra para arrodillarnos y no desviar la atención.

Una respuesta agresiva

Cuando oramos, quizá Satanás intente ponernos malos pensamientos en la mente. Es posible que su astucia incluso nos lleve a orar por algo pecaminoso. Cuando sucede esto, hay varias cosas que podemos hacer: (1) leer la Escritura en voz alta (el leer en voz alta tiende a mantenernos atentos en la lectura); (2) orar en voz alta; o (3) escribir oraciones (mira el capítulo 24).

En cierta ocasión mientras oraba, Martín Lutero fue testigo de una manifestación satánica en la pared. Sin duda, esta clase de distracción interrumpió sus oraciones. Lutero decidió tomar represalias arrojando un frasco de tinta, esparciéndola sobre la pared de la oficina. ¡Eso es una forma de guerra espiritual!

Mientras mayor sea la intromisión de las fuerzas satánicas, mayor será la respuesta que el intercesor necesitará para contrarrestar dicha intromisión. En mi caso, prefiero no hacer eso (aunque no critico a los que lo hacen), sino que oro en voz alta: «Señor, oro contra este mal que intenta distraer mis pensamientos de ti». En lo personal, no me gusta la idea de hablarle al maligno... prefiero tratar el problema con Dios.

En Atlanta, Georgia, una cristiana terminó en la ruina y la humillación debido a la mala administración del dinero en la familia. Un día, mientras caminaba por un centro comercial, vio un monedero y quiso comprarlo. Se puso a pensar que necesitaba el monedero y, luego, racionalizó que con un monedero nuevo podría tomarse en serio el asunto de la administración del dinero y disciplinar sus gastos.

De repente, la mujer se dio cuenta de que Satanás era el que la tentaba. Así que gritó: *«¡Apártate de mí, Satanás!»*. Una vendedora que estaba cerca le dijo: «¿Cómo dice?», porque malinterpretó lo que expresó esta mujer. Ahora bien, no propongo que reprendamos al diablo de palabra o le gritemos, pero el punto es que cuando Satanás se empeña en tentarnos, debemos ser agresivos de igual modo.

El ciclo de la guerra espiritual

La victoria de Moisés y los israelitas sobre los amalecitas tuvo lugar cuando el pueblo de Israel cruzaba el desierto rumbo a la Tierra Prometida. Cuando el pueblo de Israel entró al desierto, empezó a quejarse porque Moisés no les había dado agua. A medida que tenían más sed, más se quejaban. Al final, Moisés clamó al Señor diciendo: «¿Qué voy a hacer con este pueblo?» (Éxodo 17:4).

En respuesta a la oración, Dios le dijo a Moisés que tomara su vara y golpeara una roca en un lugar llamado Horeb. «Yo estaré esperándote junto a la roca que está en Horeb. Aséstale un golpe a la roca, y de ella brotará agua para que beba el pueblo» (v. 6). Cuando Moisés obedeció, al instante el agua manó de la roca. El pueblo bebió y se regocijó por el alivio físico que les proveyó Dios... pero entendieron que también era una victoria espiritual. Alzaron su voz diciendo: «¿Está o no está el Señor con nosotros?» (v. 7).

En el desierto, el agua es un bien más preciado que el dinero. Después que Dios bendijo al pueblo, los amalecitas atacaron a Israel para obtener el derecho sobre el agua de Horeb. Esto nos debe enseñar que al final de una gran victoria o una gran repuesta a la oración, debemos gozarnos, pero no tomarnos vacaciones espirituales. Es mucho más probable que los ataques vengan cuando hemos recibido bendiciones de Dios.

Debido a que somos criaturas que a lo largo de la vida desarrollamos costumbres, la mayoría de nosotros tiende a luchar con los mismos problemas toda la vida. Algunos tienen constantes problemas de dinero, otros ceden a las tentaciones de la carne y otros viven luchando contra la droga, la depresión o el alcohol. Amalec representaba para Israel aquel tipo de enemigo recurrente. El pueblo de Amalec luchó contra Abraham por el derecho del agua cuatrocientos años antes y continuaron peleando contra Israel durante años. Es más, Dios le dijo a Moisés: «¡La guerra del Señor contra Amalec será de generación en generación!» (v. 16). Dios entendía que la batalla contra los amalecitas estaba terminada, pero que faltaba mucho para que se ganara. El mal no dejaría de atacar a su pueblo, de modo que si querían la victoria, necesitaban permanecer en una lucha constante.

Debido a que la vida es como un viaje, necesitamos hacer oraciones de guerra sin cesar. Nunca dejaremos de luchar hasta que lleguemos a nuestro destino. Debemos dejar de lado la idea de obtener la victoria definitiva o de alcanzar absoluta tranquilidad y que nunca volveremos a involucrarnos en una oración de guerra. Por lo general, las victorias despiertan el contraataque del enemigo, lo que significa que el próximo desafío de oración quizá sea mayor que los desafíos pasados.

Fíjate que en el caso de Israel, el primer problema fue hallar agua en un desierto seco, caluroso y polvoriento. Le hacían frente a la amenaza de morir de sed. Sin embargo, cuando el pueblo de Amalec atacó, los israelitas le hicieron frente a una amenaza aun mayor: que los matara un viejo enemigo. Necesitamos recordar que cuando un día derrotamos a Satanás, volverá otro día y de una manera distinta para tentarnos con más vehemencia en otra esfera de la vida. ¡Prepárate!

Compañeros de oración

Los Vigilantes era un grupo de intercesores que oraban por Charles Spurgeon, el famoso predicador bautista del Tabernáculo Metropolitano Bautista a finales de 1800. Gracias a estos intercesores, el templo se convirtió en la mega-iglesia de prestigio mundial del momento y Spurgeon y la congregación tuvieron la posibilidad de plantar iglesias por toda Inglaterra y de enviar misioneros alrededor del mundo.

En el sótano de la iglesia, justo debajo del púlpito, había una pequeña mesa con seis o siete sillas. Cada vez que Spurgeon predicaba, los Vigilantes se arrodillaban sobre unos almohadones al lado de las sillas e intercedían pidiéndole a Dios que le diera poder a Spurgeon. Tal como Josué no podría haber ganado la batalla sin los que intercedían en la colina, Spurgeon no hubiera alcanzado influencia mundial si no hubiera sido por los Vigilantes.

Cuando entremos en guerra espiritual, Dios pondrá en nuestra vida compañeros de oración a fin de que nos ayuden a combatir los ataques del enemigo. Usará a personas de acuerdo con los dones que Él ha repartido (Josué y los soldados pelearon con espada, Moisés recurrió al ministerio espiritual de la intercesión para prevalecer en nombre de los israelitas e incluso Aarón y Jur brindaron su ayuda de una manera única). Debemos reconocer nuestro don espiritual y servir conforme a nuestras capacidades.

¿Qué interrumpió la intercesión de Moisés? La interrupción no vino porque Moisés perdiera interés en la oración ni porque Dios no respondía. Más bien, la interrupción sucedió porque las manos de Moisés se debilitaron y se cansó de mantenerlas en alto. Necesitaba un apoyo para sus manos porque no se encontraba en condiciones físicas de levantarlas debido a la duración de la batalla.

De la misma manera, *vamos a necesitar ayuda física cuando intercedamos delante de Dios.* Mientras tengamos cuerpos humanos, encontraremos problemas. Vendrá la enfermedad y hará falta que nuestros amigos oren por sanidad. Vendrá la tentación y nuestros amigos deberán interceder por nosotros en una oración de guerra. Enfrentaremos limitaciones físicas mientras servimos a Cristo en nuestros respectivos campos misioneros y nuestros amigos deberán hacer una oración de fe pidiendo sanidad. Además, algunas veces ni siquiera podremos mantener los ojos abiertos. En el huerto de Getsemaní, Jesús les dijo a sus discípulos agotados y soñolientos: «Estén alerta y oren para que no caigan en tentación. El espíritu está dispuesto, pero el cuerpo es débil» (Mateo 26:41).

¿Quién ganó la batalla contra los amalecitas? No fue una sola persona. Moisés, Aarón, Jur, Josué y el ejército de Israel desempeñaron un papel importante en la victoria. El mejor método para ganar la lucha espiritual es también teniendo personas a nuestro lado. Los compañeros nos dan un par de ojos extra para vigilar la espalda y vigilar al enemigo. Interceden *por* nosotros y *con* nosotros. La oración con compañeros de oración nos permite orar en voz alta y poner atención en la batalla. En la lucha espiritual, la victoria es el resultado de un esfuerzo grupal. Sin compañía no hay victoria. Tal como Pablo señaló: «En efecto, nosotros somos colaboradores al servicio de Dios; y ustedes son el campo de cultivo de Dios, son el edificio de Dios» (1 Corintios 3:9).

¿En los últimos tiempos te han atacado ya sea en el frente físico o en el espiritual? Reúne a tus compañeros y lanza el contraataque a través de la oración de guerra. Cuando derrotes al enemigo, gózate en la liberación de Dios y ten presente la victoria del Señor. Después que Israel obtuvo la victoria sobre Amalec, Dios le dijo a Moisés: «Pon esto por escrito en un rollo de cuero, para que se recuerde» (Éxodo 17:14). Es importante llevar un registro para no olvidarnos de las grandes respuestas de Dios a la oración.

TU TAREA

Participa de manera activa en la batalla contra las distracciones. Ora en voz alta para que puedas concentrarte mejor en tus peticiones o escribe tus oraciones en una hoja de papel. Algunas veces, recorro con el dedo lo escrito. Me doy cuenta que esto me ayuda a mantenerme concentrado en cada motivo de oración.

Ora con los ojos abiertos. Si uno cierra los ojos, es muy fácil «pensar» y no concentrarse en las peticiones. No obstante, si abres los ojos, no fijes la mirada en algo que pueda distraerte. Encuentro que es bueno mirar por la ventana a los árboles y a las montañas. Si estoy en la habitación de un hotel o en una oficina y no hay ventanas, miro hacia la pared o a alguna otra cosa que no me distraiga.

Cambia de posición. Cuando te distraigas, prueba a cambiar de posición para que puedas volver a poner tu atención en la oración (analiza el capítulo 8). Prueba a arrodillarte delante del Señor, pararte con las manos extendidas, juntar las manos e inclinar la cabeza, o incluso postrarte en el suelo.

Conoce tu punto más débil. El enemigo conoce tus puntos débiles e intentará atacarte en las partes vulnerables. No hace falta anotar tus debilidades, pero debes ser consciente de las mismas, orar por ellas y fortalecer esos aspectos.

Ora contra el enemigo. Algunos llaman a esto «reprender al enemigo». Cuando ores contra el enemigo, debes ser cauteloso, pues el enemigo tiene mucho poder sobrenatural. No obstante, siéntete libre de orar con audacia (lee Mateo 10:28). Si percibes un ataque, intenta orar en voz alta, reclamando el poder de la sangre de Cristo sobre el enemigo. Cuando me siento atacado, con frecuencia oro: «Señor Jesucristo, protégeme con tu sangre. Reclamo tu poder para resistir al diablo y me apoyo en ti».

Después de una gran victoria espiritual, prepárate para un contraataque. Con el propósito de desmoralizarte, a menudo el enemigo te atacará justo después de una victoria espiritual importante. Si eres consciente de las tácticas del enemigo, te resultará más fácil defenderte.

Busca ayuda. Tal como Moisés oró por Josué durante la batalla, necesitas a alguien que ore por ti en la batalla. Tal como Aarón y Jur ayudaron a Moisés en la intercesión, necesitarás ayuda al orar por la victoria. Para mayor información, consulta mi libro *Prayer Partners* [Compañeros de oración], disponible en www.elmertowns.com (haz clic en el enlace «books online» para descargar la versión en inglés completa).

3

tercera parte: una mejor conexión

Cómo desarrollamos y profundizamos nuestra relación con el Padre celestial

En esta última sección, nos concentraremos en algunos de los asuntos más complejos de la oración, incluyendo la meditación en la oración, el descanso en la oración, los votos en la oración, la oración en el Espíritu y las oraciones de crucifixión. Analizaremos el tema de la oración constante que muchas veces se malinterpreta y también consideraremos las oraciones hipócritas y las oraciones escritas. En el capítulo final, concluiremos con la exploración del increíble poder transformador que tiene la oración en nuestra vida.

CAPÍTULO DIECINUEVE

La oración de manera continua

Estén siempre alegres, oren sin cesar, den gracias a Dios en toda situación, porque esta es su voluntad para ustedes en Cristo Jesús.

1 Tesalonicenses 5:16-18

La Biblia cuenta que los miembros de la iglesia primitiva «no dejaban de reunirse en el templo ni un solo día [...] compartían la comida con alegría y generosidad, alabando a Dios y disfrutando de la estimación general del pueblo» (Hechos 2:46-47).

En distintas ocasiones, Pablo les instruyó a los creyentes para que oraran sin cesar. A los romanos les escribió: «Alégrense en la esperanza, muestren paciencia en el sufrimiento, perseveren en la oración» (Romanos 12:12). A los efesios les escribió: «Oren en el Espíritu en todo momento» (Efesios 6:18). A los colosenses, Pablo les exhortó: «Dedíquense a la oración: perseveren en ella con agradecimiento» (Colosenses 4:2). Y a los filipenses, les escribió: «No se preocupen por nada; en cambio, oren por todo» (Filipenses 4:6, *NTV*). Sin embargo, Pablo no fue el único que exhortó a los cristianos a ser constantes en la oración. Jesús les dijo a sus discípulos «sobre la necesidad de orar siempre y no desmayar» (Lucas 18:1, *RV-60*).

Vemos que la oración continua es un principio bíblico importante. Sin embargo, ¿qué es en verdad lo que significa «orar de manera continua»? ¿Quiere decir que debemos interceder ante la presencia de Dios todo el tiempo? Si eso es así, no quedaría mucho tiempo para hablar con el cónyuge, instruir a los hijos o desarrollar las tareas en el mundo laboral.

La oración sin cesar

Algunas personas sugieren que la oración sin cesar no significa necesariamente que tenemos que orar todo el tiempo, sino que debemos permanecer en el «espíritu» de oración. Es como la persona que asiste a la iglesia y que permanece en un estado de reverencia dentro del santuario, en silencio y reposo continuo. Una vez más, esto no nos dejaría demasiado tiempo para divertirnos con nuestros hijos, dar ánimos en un evento deportivo o reunirnos con nuestros amigos.

Tal vez sería útil considerar con mayor detenimiento el sentido de la frase «sin cesar». En el griego original, no significa «sin parar»; en cambio, significa «a intervalos».

Hace poco, mi esposa compró un auto cuyo limpiaparabrisas funciona a velocidad intermitente. Cuando llovizna, el limpiaparabrisas se enciende de manera automática y limpia a un ritmo lento. Sin embargo, cuando llueve a cántaros, el limpiaparabrisas va y viene rápido y, por lo tanto, le permite a mi esposa ver a través de la cortina de lluvia. De la misma manera, nosotros debemos orar de manera *intermitente*. Algunas veces haremos oraciones silenciosas y ligeras como cuando cae una tenue llovizna. Sin embargo, vendrán tiempos en los que las oraciones saldrán deprisa del corazón y con frenesí como cuando cae una lluvia fuerte.

Quizá una mejor ilustración sea la costumbre de llorar que tiene un bebé recién nacido. Cuando a un bebé le molesta algo, llora mucho y sin parar. Sin embargo, el bebé no llora a menos que esté enojado, con el pañal húmedo o que necesite cariño y atención. En otras palabras, el bebé llora de acuerdo con la *necesidad* del momento. Nosotros, al igual que los bebés, debemos orar de manera intermitente conforme a nuestras necesidades.

Sin embargo, hay otro aspecto a considerar en cuanto a la oración continua. En Romanos 8:16, Pablo declara que «el Espíritu mismo le asegura a nuestro espíritu que somos hijos de Dios». Un poco más adelante en el mismo capítulo, Pablo escribe:

> El Espíritu Santo nos ayuda en nuestra debilidad. Por ejemplo, nosotros no sabemos qué quiere Dios que le pidamos en oración, pero el Espíritu Santo ora por nosotros con gemidos que no pueden expresarse con palabras. Y el Padre, quien conoce cada corazón, sabe lo que el Espíritu dice, porque el Espíritu intercede por nosotros, los creyentes, en armonía con la voluntad de Dios. (Romanos 8:26-27, *NTV*)

Ya sea que nos demos cuenta o no, *la oración sigue de manera continua* en nosotros por medio del Espíritu Santo que mora en nosotros. Esto funciona de manera similar al sistema eléctrico de una casa. Los electrodomésticos funcionan solo cuando los enchufamos a la toma en la pared; pero una vez que lo hacemos, tenemos disponible la corriente eléctrica para cocinar los alimentos, calentar el dormitorio o subir al tope el estéreo. Del mismo modo, el Espíritu Santo habita en nosotros y no deja de orar por nosotros. En cada momento podemos enchufarnos a su flujo constante de oración, que suple nuestras necesidades sin importar dónde nos encontremos.

No puedo afirmar que yo ore de manera constante, ni siquiera que siempre tenga un espíritu de oración. Sin embargo, con frecuencia me asombra cuánto oro durante el día. Muy a menudo me sorprendo orando mientras conduzco. Me sorprendo orando mientras hago fila o entre los turnos de trabajo en la universidad *Liberty*. Casi siempre, cuando un alumno me hace una pregunta en clase, oro pidiendo sabiduría para poder darle la mejor respuesta.

Cuando «oro sin cesar», no estoy seguro de si me aferro a la oración o si la oración se aferra a mí. Solo sé que funciona cuando me rindo a cada momento al Espíritu Santo.

La oración por las pequeñas cosas

La mayoría de nosotros vive en una dicotomía. Tenemos grandes proyectos espirituales por los que oramos de manera encarecida y buscamos la intervención de Dios, pero obviamos lo monótono y los detalles triviales. Oramos, ayunamos y rogamos a Dios que mueva las montañas que se interponen en el camino, pero no tenemos en cuenta las pequeñas piedras dispersas en el sendero. ¿Cuál es el resultado? Notamos poca conexión entre las pequeñas cosas de la vida y nuestro andar diario con Dios.

La oración constante significa hablar con Dios de *todos* los aspectos de la vida, incluyendo las pequeñas cosas que podemos pensar que a Dios no le interesan demasiado. Muchos creemos que estos pequeños detalles no se relacionan con lo espiritual, lo que es una suposición equivocada. Las pequeñas piedras del camino que se nos meten en el zapato son las que hacen imposible que escalemos una montaña. Las pequeñas piedras que se acumulan y crecen hasta formar montañas son las que bloquean nuestro progreso. Hay un dicho muy conocido que afirma que «el diablo está en cada detalle», pero la verdad es que Dios está en los detalles. Él obra su voluntad a través de las pequeñas cosas de la vida.

Considera la manera en que el Hijo de Dios entró a este mundo. Dios tenía *un* solo Hijo, pero es evidente que Jesús no entró al mundo de una forma «grandiosa». Nació en una aldea poco conocida llamada Belén y en un lugar poco esperado: un establo. Nació de padres desconocidos en el escenario del mundo y desconocidos para cualquiera que no fuera del pueblecito donde vivían... padres que viajaron para inscribirse en el censo (lee Lucas 2:1-7).

Cuando nació el Hijo de Dios, un ángel del Señor se les apareció a un grupo de pastores en un campo cercano y les anunció el nacimiento del Mesías prometido. Les dijo que para encontrar al Salvador debían tener en cuenta dos pequeños detalles: «[1] Encontrarán a un niño envuelto en pañales y [2] acostado en un pesebre» (Lucas 2:12). A los pastores no los guiaron a un palacio espectacular. El bebé no brillaba con un resplandor santo (como más tarde lo hizo en el Monte de la Transfiguración); no hubo reflectores celestiales que lo alumbraran. Las señales eran casi imperceptibles al ojo inexperto: El Hijo de Dios estaría envuelto en trozos de tela y acostado en un pesebre. ¿Qué te parecen estos pequeños detalles?

Sin embargo, ¿no es así como cada uno de nosotros descubre a Dios en realidad? Tal como los pastores encontraron a Cristo en rudimentos comunes de la vida, ¿no descubrimos a Dios escondido en los pormenores de la vida? La mayoría de nosotros no ve a Dios cuando usa un teléfono celular, toma una hamburguesa rápida o llena el tanque de gasolina del auto. Vamos por la vida pasando por alto la reverencia de Dios en las pequeñas cosas de la vida. Sin embargo, la realidad es que si no podemos ver a Dios en las cosas triviales de la vida diaria, es probable que no seamos capaces de verlo en los grandes hechos o cuando nos ilumina el reflector.

Necesitamos dejar de lado la idea de que la oración es una experiencia eclesiástica en la que contemplamos lo abstracto y darnos cuenta de que la verdadera función de la oración es llevarnos a una relación continua con Dios. Necesitamos ver a Dios en los pequeños detalles de la vida porque cuando lo hacemos, cosas tales como engrapar un informe, limpiar la encimera de la cocina o hacer las compras, se convierten en experiencias espirituales en vez de aburridas tareas de todos los días. La diferencia comienza en nuestra percepción y expectativa. ¿Y no es que toda la vida se trata de la percepción y la expectativa?

Practica la presencia de Dios

Cuando estaba en los primeros años del Instituto Bíblico Columbia, una vez escuché a un orador de una capilla hablar del Hermano Lorenzo, un monje francés del siglo XVII que estuvo al servicio de un monasterio. El orador describió cómo el Hermano Lorenzo «practicaba la presencia de Dios» en verdad al estar de continuo en la presencia de Dios mientras lavaba las ollas y sartenes en la cocina del monasterio[1].

La posibilidad de percibir la presencia de Dios en todo lugar al que voy tuvo un gran efecto en mi vida. Así que seguí el ejemplo del Hermano Lorenzo. Aun cuando estoy atrapado en el ajetreo de la vida, tengo en mi corazón un santuario en el cual refugiarme. En mi pequeño santuario puedo practicar la presencia de Dios cuando estoy sentado en una aburrida reunión de comité o cuando estoy atrapado en el tránsito vehicular. Al caminar en medio de las multitudes en el campus, puedo sentir la presencia de Cristo tan real como si me hubiera metido en un santuario apartado donde la presencia de Dios es más evidente.

Según mi experiencia, descubrí que es mucho más fácil practicar la presencia de Dios si comienzo el día teniendo un tiempo con Él en oración a conciencia. El compromiso de estar ahí con Dios activa en mí la disciplina firme de poner la mente en Él. Sin embargo, no es suficiente con separar un tiempo... sé que para experimentar en verdad la presencia de Dios debo cubrirme contra pensamientos que se refieran a asuntos de negocios o a todas las cosas que planeo hacer en el día. Se requiere energía para encontrarse con Dios y solo ocurre como resultado de una voluntad consagrada para que ocurra eso.

Sin embargo, hay un paso más allá de la disciplina. Una vez que tomamos la decisión de buscar la presencia de Dios, comenzamos a cultivar la intimidad mediante una conexión regular con Él. Enseguida descubrimos que tenemos el deseo de desarrollar el hábito de practicar la presencia de Dios en nuestra vida. Tal como alguien adquiere el *gusto* por una comida determinada, crece en nosotros el *hambre espiritual* por Dios.

Entonces, ¿qué es «orar sin cesar»? Es desarrollar *hábitos santos* que hagan más fácil nuestra vida de oración. Bueno, quizá las palabras «más fácil» no sean las palabras adecuadas... lo mejor sería lograr que la oración sea más espontánea o más natural. Y en el proceso, hacemos que nuestra piedad sea más práctica.

Una relación continua con Dios

Así como una enredadera crece de manera natural y sin parar por la pared del jardín, nuestra capacidad para orar sin cesar no vendrá con una sola experiencia, sino que crecerá con naturalidad en nuestro corazón. Una enredadera en crecimiento necesita la energía del sol, el alimento de una buena tierra y la frescura de la lluvia intermitente, pero lo más importante de todo es que necesita disciplina.

Una niña que aprende los rudimentos para tocar el piano, sin duda que entiende que necesitará años de práctica antes de que sus dedos logren desplazarse con facilidad por el teclado. De manera que, si permanece y mantiene una buena disciplina, cuando esa niña sea grande, será capaz de tocar desde lo más profundo del corazón. Será un verdadero arte. Asimismo, la disciplina en la oración es fundamental: podemos saber todo sobre la oración, pero la única forma de desarrollar la oración constante es practicándola.

La oración constante no es algo que se puede *enseñar*; más bien, es algo para *alcanzar*. Nadie puede enseñarnos cómo hablar con Dios: se desarrolla mediante una relación íntima con Él y a través de un compromiso de encontrarnos cada día con Él. Cuando Dios nos muestra cómo vivir, hablamos con Él. Cuando Dios nos muestra lo que no debemos hacer, hablamos con Él. Al enfrentar las necesidades y las dificultades de todos los días, hablamos con Él.

Mediante una charla continua con Dios, aun si son solo unas pocas oraciones cada vez, aprendemos que Dios puede ser un Dios íntimo y personal. Y a través de esta comunicación constante, oración continua, crece la relación e intimidad entre nosotros y nuestro Padre celestial.

TU TAREA

Decide ser una persona de oración. La oración no es algo que haces solo por la mañana. Haz de la oración una necesidad absoluta a lo largo de la vida diaria. Toma la decisión de hablar de forma continua con Dios y, entonces, aprovecha cada día el poder de esa elección.

Comienza el día con una oración. Comienza cada día hablando con Dios como si conversaras con Él. Con el tiempo, descubrirás que podrás hablar con Dios con naturalidad en una oración constante a lo largo del día.

Memoriza la Escritura. Aprende de memoria los siguientes versículos que te ayudarán a mantenerte en oración durante todo el día:

- *Oh Dios, tú eres mi Dios; yo te busco intensamente. Mi alma tiene sed de ti; todo mi ser te anhela, cual tierra seca, extenuada y sedienta.* (Salmo 63:1)
- *Estén alerta y oren para que no caigan en tentación. El espíritu está dispuesto, pero el cuerpo es débil.* (Mateo 26:41)
- *Estén siempre alegres, oren sin cesar.* (1 Tesalonicenses 5:16-17)

Pídele ayuda a Dios. Si no procuras encontrarte con Dios, ¡no sucederá! Así que pídele a Dios que te ayude a meditar en Él y hablar con Él a lo largo del día. Esta es una oración que Dios puede y quiere responder.

Nota

1. Hermano Lorenzo, *La práctica de la presencia de Dios*, Editorial Peniel, Miami, FL, 2006.

CAPÍTULO VEINTE

La meditación en oración

Sean gratas las palabras de mi boca y la meditación de mi corazón delante de ti, oh SEÑOR, roca mía y redentor mío.

SALMO 19:14, LBLA

Cuando uno piensa en la meditación, es probable que lo primero que nos venga a la mente sean esos practicantes de las religiones orientales o de la Nueva Era que recitan mantras y contorsionan el cuerpo en posiciones extrañas. La adoración y la meditación en la oración cristiana es un tema que la mayoría de nosotros no tiene en cuenta ni comenta con sus amigos con regularidad; pero lo cierto es que la práctica se encuentra en muchos lugares por toda la Escritura.

Mi buen amigo Stan Toler, un predicador nazareno de Oklahoma City, Oklahoma, empieza cada día recitando el Salmo 19:14 (*LBLA*): «Sean gratas las palabras de mi boca y la *meditación de mi corazón* delante de ti, oh SEÑOR, roca mía y redentor mío» (énfasis añadido). Cada día Stan pide que sus palabras glorifiquen a Dios y que su meditación sea agradable delante de Él. ¿Podríamos hacer una oración más grandiosa que esa?

¿Qué es meditar? El *Diccionario de la Lengua Española* la define como: «Aplicar con profunda atención el pensamiento a la consideración de algo, o discurrir sobre los medios de conocerlo o conseguirlo»[1]. Aunque esta es una definición secular, al menos nos señala la dirección correcta. Sin embargo, la *meditación cristiana* es muy distinta de lo que practican las religiones orientales y la Nueva Era. En las religiones orientales, mientras más profunda sea la meditación, mayor es la pérdida de identidad de los practicantes. Para ellos, el propósito de la meditación es unirse a una «conciencia cósmica» a fin de poder vivir otra vida fuera de lo normal.

La meditación bíblica tiene un fin opuesto. En lugar de perder la identidad en una conciencia cósmica, adquirimos una mejor perspectiva de quiénes somos como individuos delante de Dios. Cuando meditamos en Dios y en la Escritura, nos fortalecemos y nos sentimos motivados a actuar según lo que hemos estado pensando. La meditación cristiana es la capacidad de escuchar la voz de Dios y entender lo que Él nos dice. Quizá una mejor definición de «meditación» sea «pensar lo que Dios piensa después de Él».

La meditación cristiana comienza cuando escuchamos la voz de Dios a través de su Palabra y nos damos cuenta de que Él está hablando. Continúa al considerar lo que significa la Palabra de Dios y lo que Él quiere hacer en nuestra vida... y, luego, fluye en nuestro espíritu cuando repetimos lo que dijo Dios. El propósito de la meditación cristiana es escuchar a Dios, saber a ciencia cierta lo que quiere que hagamos y entonces *hacerlo*.

Cuando ponemos en práctica la meditación cristiana, seguimos en realidad el mandamiento que Dios le dio a Josué:

> Recita siempre el libro de la ley y *medita* en él de día y de noche; cumple con cuidado todo lo que en él está escrito. Así prosperarás y tendrás éxito. (Josué 1:8, énfasis añadido)

Fíjate que a Josué se le ordenó *meditar* de día y de noche en la Palabra de Dios. Cada vez que Josué hiciera esto, Dios le prometió que Él lo prosperaría y que tendría éxito. Debido a que una de las mejores maneras de aprender la oración meditativa es mirar cómo meditaron las personas de la Biblia y seguir su ejemplo, analicemos algunos otros ejemplos bíblicos sobre la meditación.

Medita en la liberación y la grandeza de Dios

Como joven pastor, David a menudo pensaba en la naturaleza mientras cuidaba las ovejas al aire libre (lee el Salmo 23). Al observar y considerar la maravilla de la creación de Dios (el sol, la luna, las estrellas), se sentía intimidado por su Señor. «Los cielos cuentan la gloria de Dios, el firmamento proclama la obra de sus manos», proclamó (Salmo 19:1). Mientras David veía a Dios en la naturaleza, también meditaba en lo que tenía delante de sus ojos: «Sean gratas las palabras de mi boca y la meditación de mi corazón delante de ti, oh Señor, roca mía y redentor mío» (v. 14, *LBLA*).

A la larga, a David lo ascendieron a rey de todo Israel. Cuando se convirtió en rey, David trajo el arca del pacto a Jerusalén, edificó el tabernáculo para que el pueblo pudiera adorar a Dios y mandó a un hombre llamado Asaf a que restableciera el culto en la nación. Asaf tuvo una interesante historia y una conexión con David. En los trece años que David se escondió en el desierto escapando del rey Saúl, Asaf se ocultó con él. Así que si Saúl hubiera atrapado a David, Asaf también habría muerto.

Si analizamos con detenimiento el carácter de Asaf y los doce salmos que escribió, encontramos a un hombre lleno de agradecimiento. Asaf se dio cuenta de cuántas veces Saúl estuvo a punto de atraparlo y matarlo, y dio gracias a Dios en una oración meditativa por haberlo librado en el pasado: «Me acordaré de las obras del Señor; ciertamente me acordaré de tus maravillas antiguas. Meditaré en toda tu obra, y reflexionaré en tus hechos» (Salmo 77:11-12, *LBLA*).

A menudo nos resulta incómodo pensar en el pasado, en especial cuando contemplamos lo cerca que estuvimos del fracaso o de la muerte. A Asaf también le costó meditar en su pasado: «Cuando traté de comprender todo esto, me resultó una carga insoportable, hasta que entré en el santuario de Dios; allí comprendí cuál será el destino de los malvados» (Salmo 73:16-17). No obstante, muchas veces la Escritura nos exhorta a recordar *tanto* las cosas buenas *como* las cosas malas de la vida, ya que un aspecto importante de la oración meditativa es recordar el pasado. En definitiva, siempre debemos tener presente «que Dios dispone todas las cosas para el bien de quienes lo aman, los que han sido llamados de acuerdo con su propósito» (Romanos 8:28).

Medita en la presencia de Dios

Cuando David comenzó a organizar las distintas tareas para restablecer el culto a Dios en el pueblo de Israel, encargó gran parte del servicio de canto a un grupo de personas conocidas como coatitas. Incluido entre los miembros de este grupo estaba una familia musical conocida como los hijos de Coré (lee 1 Crónicas 6:31-33).

En los días de Moisés, Coré era el jefe de una familia sacerdotal. Es probable que Coré sintiera la quemazón del látigo cuando era un esclavo en la tierra de Egipto, pero junto a los demás israelitas, se liberó cuando el ángel de la muerte enviado por Dios pasó por Egipto. Cruzó el Mar Rojo en tierra seca y fue testigo del poder que Dios tiene para hacer milagros.

Coré empezó siguiendo el liderazgo de Moisés, pero con el tiempo se sintió insatisfecho con su posición; en otras palabras, se le subieron los humos. Cuando Coré exigió que se le permitiera tener parte del liderazgo con Moisés, Dios le ordenó que sirviera en el tabernáculo. Sin embargo, Coré se negó. ¿Puedes imaginar lo que es negarse a obedecer a Dios y rehusarse a servir en el tabernáculo? Este acto de desobediencia no tuvo buena acogida por parte de Dios: al instante la tierra se abrió y tragó a Coré y a los otros que se rebelaron. Dios juzgó a Coré y a sus seguidores.

La muerte de Coré tuvo un efecto imborrable y perpetuo en sus hijos, nietos y bisnietos. Los hijos de Coré se propusieron no ser rebeldes como su padre. Se quedaron en el tabernáculo, lo más cerca posible de Dios, y compusieron grandes salmos mientras meditaban en la intimidad de Dios. Tuvieron pasión por la presencia de Dios y meditaron en sus caminos: «Anhelo con el alma los atrios del SEÑOR; casi agonizo por estar en ellos. Con el corazón, con todo el cuerpo, canto alegre al Dios de la vida. SEÑOR Todopoderoso, rey mío y Dios mío, aun el gorrión halla casa cerca de tus altares; también la golondrina hace allí su nido, para poner sus polluelos» (Salmo 84:2-3).

MEDITA EN LAS CONSECUENCIAS DE LA DESOBEDIENCIA

Después de la cautividad de Babilonia, el profeta Hageo regresó a la Tierra Prometida con los otros israelitas exiliados. Pronto, el pueblo comenzó la reconstrucción del templo de Dios, pero pasado un tiempo, se detuvo la obra. Hageo pronunció un sermón con el fin de motivar a los israelitas a terminar el templo. Les dijo que consideraran esta acción como un acto de desobediencia a Dios: «Así dice ahora el SEÑOR Todopoderoso: "¡Reflexionen sobre su proceder!"» (Hageo 1:5).

La reflexión es otra forma de meditar en Dios. Hageo continuó diciéndoles que deberían meditar en las consecuencias de la desobediencia y pensar en la gloria del templo anterior: «¿Queda alguien entre ustedes que haya visto esta casa en su antiguo esplendor?», preguntó. «¿Qué les parece ahora? ¿No la ven como muy poca cosa?» (Hageo 2:3).

Más aun, Hageo les recordó que necesitaban reflexionar en lo que Dios haría al final con el templo que reconstruían: «El esplendor de esta segunda casa será mayor que el de la primera»

(Hageo 2:9). El oro y la plata que revestían el templo de Salomón no se compararía con la gloria del templo que construían ahora, ya que Jesús, la gloria de Dios, entraría a ese mismo templo.

Medita en Cristo

Cuando Jesús nació en Belén, a María y a José lo visitó un grupo de pastores que les contaron lo que les proclamaron los ángeles sobre su Hijo. Todos los que escucharon a los pastores se maravillaron por lo que les dijeron, pero María «guardaba todas estas cosas en su corazón y meditaba acerca de ellas» (Lucas 2:19). En este sentido, meditar significa recordar o pensar en el pasado. Por la mente de María no pasaban pensamientos vanos, sino más bien una meditación atenta e intencionada.

La meditación de María se centraba en el bebé que había dado a luz y en el niño que criaría. María sabía que el Espíritu Santo concibió a Jesús y fue testigo de muchos milagros que rodearon su nacimiento. Entonces, ¿qué hacía? Meditaba constantemente en el Jesús humano.

La meditación de María se parece a lo que la gente joven dice hoy: *¿Qué haría Jesús?* (*¿QHJ?*). Esta pregunta exige que nos detengamos a ver cómo el Jesús humano actuaría si estuviera en una situación similar a la que nos enfrentamos... y después actuar de la misma manera. Pablo nos recuerda que debemos pensar como pensó Jesús: «Concentren su atención en las cosas de arriba, no en las de la tierra» (Colosenses 3:2). Debemos meditar en la persona de Cristo, quien intercede con victoria en los cielos por nosotros. «Ya que han resucitado con Cristo, busquen las cosas de arriba, donde está Cristo sentado a la derecha de Dios» (v. 1).

Medita en el amor de Dios

El apóstol Juan fue el más joven de los doce. Después del arresto de Jesús en el huerto de Getsemaní, Juan lo siguió en los juicios y lo acompañó al pie de la cruz, donde crucificaron a Jesús.

Mientras Juan presenciaba cómo sufría y moría poco a poco su Señor, escuchó que decía: «Ahí tienes a tu madre» (Juan 19:27). Debido a la experiencia de la cruz, Juan se encargó de cuidar a María por el resto de su vida.

Ya anciano, a menudo Juan meditaba en la experiencia de la cruz. «¡Fíjense qué gran amor nos ha dado el Padre, que se nos llame hijos de Dios!» (1 Juan 3:1). Según Juan, «fijarse» significaba meditar en la profundidad del amor de Cristo... un amor tan grande que lo llevó a ofrecerse en la cruz por nuestros pecados (lee 1 Juan 4:9). Juan se dio cuenta de que el amor *agápe* de Jesús era un amor sacrificial. La cruz no solo representaba la muerte de Jesús, sino que también era un reflejo del amor del Padre.

¿Cuál fue el resultado de la meditación de Juan? Se sintió abrumado al considerar que era un hijo de Dios. «Queridos hermanos», les escribió a sus compañeros creyentes en Cristo, «ahora somos hijos de Dios» (3:2).

Medita en los dones de Dios

¿Puedes pensar en una tarea más aterradora que ser pastor de una iglesia donde el apóstol Pablo y el apóstol Juan pastorearan antes que tú? Un joven llamado Timoteo estuvo en esta situación cuando se convirtió en pastor de la iglesia en Éfeso, una de las mayores iglesias del mundo apostólico.

Me imagino que la mente de Timoteo estaba llena de temor. Es probable que le preocupara no estar a la altura de la tarea. Tal vez sea por eso que Pablo le escribió y le dijo que se acordara del llamado de Dios para su vida y de los dones espirituales que Él le había dado. En definitiva, lo que Pablo le decía a Timoteo era que solo fuera él mismo:

> Que nadie te menosprecie por ser joven. Al contrario, que los creyentes vean en ti un ejemplo a seguir en la manera de hablar, en la conducta, y en amor, fe y

> pureza. En tanto que llego, dedícate a la lectura pública de las Escrituras, y a enseñar y animar a los hermanos. Ejercita el don que recibiste [...]. Sé diligente en estos asuntos; entrégate de lleno a ellos. (1 Timoteo 4:12-15)

El énfasis de la oración meditativa está en un continuo crecimiento para alcanzar un carácter y un comportamiento más piadosos. Un hombre y su esposa llegan a parecerse el uno al otro mientras más conversan y se relacionan, y lo mismo es cierto entre Dios y nosotros. No podemos llegar a ser como Dios, ni tampoco alcanzar su perfección, pero sí podemos convertirnos en personas más piadosas, podemos llegar a ser más semejantes a Dios. Podemos hablar sin cesar con Dios y meditar en Él, sabiendo que cuando lo hacemos, le estamos agradando.

Recuerda: la meditación cristiana no consiste en llegar a ser uno con el universo, como la meditación de muchas religiones orientales y de la Nueva Era. Más bien, se trata de que nosotros, como seres creados, nos centremos en la gloria de Dios y en la majestad del Creador. La relación con Dios pretende ser una relación entre dos seres conscientes que se comunican entre sí de manera constante. En la meditación cristiana no hay pérdida de identidad; no se trata de dos entidades que se fusionan en una.

Nunca seremos capaces de adquirir un dominio completo de la oración meditativa, pero podemos crecer en nuestra habilidad para hablar con Dios. Recuerdo un himno que cantaba en mi niñez que sirve como una buena ilustración de esta idea: «¡Él conmigo está, puedo oír su voz! Y que suyo, dice, seré; y el encanto que hallo en Él allí, con nadie tener podré»[2]. Mientras caminemos y hablemos con Dios, y meditemos en sus caminos, desarrollaremos una relación con el Padre celestial. Y el gozo que experimentaremos en su divina presencia no se comparará con nada que podamos experimentar aquí en la Tierra.

TU TAREA

Cuéntale a Dios tu preocupación y escucha su respuesta a tu corazón. Tal como no puedes forzar el sueño, tampoco podrás forzar la oración meditativa. Cuando te esfuerzas mucho por *meditar*, intentas controlar a Dios, lo cual no se puede hacer. Recuerda que la oración meditativa es *tener comunión con Dios*. Después de hablar con Dios, escucha lo que Él tiene que decirte. La oración meditativa es tener una conversación íntima con Dios... y eso es algo imposible de manipular.

Pídele a Dios que te dé un deseo más profundo de hablar con Él. Aunque no puedes forzar el sueño, puedes crear las condiciones que permitan lograrlo. Lo mismo sucede con la oración meditativa. El primer criterio para entablar una conversación con Dios es tener un deseo profundo de meditar en Dios y de hablar con Él. ¿No es ese el criterio principal para iniciar una conversación con cualquier persona?

Escucha. Deja de hablarle a Dios y escucha su voz. No será una voz audible, pero escucharás que Dios habla a tu corazón.

Guarda silencio delante de Dios. Si quieres oír a Dios y escuchar su voz tienes que guardar silencio. Usa las siguientes preguntas para guiar tu meditación:

- Mientras lees la Palabra de Dios, ¿qué es lo que Él te dice a través de las Escrituras?
- ¿Vives en la Palabra de Dios?
- ¿Cuál es el mensaje que Dios te transmite mediante sus leyes de la naturaleza?

- ¿Vives de acuerdo con los principios de vida divinos?
- ¿Estás atento a la voz de Dios en cada circunstancia?
- ¿Te está hablando Dios mediante el fracaso?
- ¿Te está hablando Dios a través del éxito?
- Cuando hay consecuencias graves que te golpean, ¿sientes la mano de crítica de Dios o crees que es algo casual?

Pide la presencia de Dios. Cuando sientas la presencia de Dios, estarás en mejores condiciones de meditar en Él. ¿De qué manera sientes la presencia de Dios? *Si te acercas al Padre en adoración, Él se acercará a recibir tu adoración.* La presencia del Señor llenará cada esfera de la vida porque «el Padre tales adoradores busca que le adoren» (Juan 4:23, *RV-60*).

Interioriza lo que lees, sientes y experimentas. Cuando estudies la Biblia, determina lo que significa para *ti*. Cuando medites en la Palabra, determina cómo se aplica a *tu vida*. En definitiva, la Palabra de Dios debe convertirse en la Palabra de Dios viva en tu corazón.

Acepta lo que lees. Con demasiada frecuencia intentamos analizar la Palabra de Dios para ver lo que significa... y no es que esté mal. Sin embargo, la oración meditativa no debe ser algo intelectual ni mecánico, sino visceral: debemos *tocar* y *sentir* la verdad de Dios.

Notas

1. *Diccionario de la Lengua Española*, vigésima segunda edición, Real Academia Española, Espasa Calpe, S.A., edición electrónica, versión 1.0, 2003.
2. C. Austin Miles, «A solas al huerto yo voy», 1868-1946, http://himnos-cristianos.blogspot.com/2010/04/himno-solas-con-jesus.html; accedido el 13 de octubre de 2010.

CAPÍTULO VEINTIUNO

Guardemos silencio ante Dios y descansemos en oración

Por consiguiente, queda todavía un reposo especial para el pueblo de Dios.

HEBREOS 4:9

En el capítulo anterior dijimos que para escuchar la voz de Dios debemos primero guardar silencio ante Dios. En el mundo de hoy, por momentos eso puede ser algo difícil de alcanzar. Tenemos alrededor de cien canales de televisión que aturden a toda hora con sus programas y anuncios, más reproductores de DVD y TiVo para grabar cualquier cosa que nos perdiéramos. Tenemos la posibilidad de conversar con otros en línea (incluso con gente que no conocemos) y comunicarnos con cualquier persona en el mundo vía correo electrónico. Y, por supuesto, llevamos encima teléfonos celulares que nos permiten hablar con nuestros amigos en cualquier momento del día.

Sin embargo, ¿«más» medios de comunicación significan en realidad una «mejor» comunicación? ¿Más oportunidades para comunicarse están relacionadas de manera directa con la recepción de un mejor contenido? A decir verdad, parece ser que sucede lo contrario. ¿Por qué? Porque estamos vacíos por dentro. Tenemos muy poco que decir, así que cuando escuchamos o leemos, tenemos muy poco que nos ayude a interpretar lo que captamos.

¿Somos adictos a las palabras? ¿Somos habladores compulsivos? ¿Nos brotan las palabras en abundancia cuando hablamos con Dios? Es probable que no. Aun cuando tengamos largas conversaciones con Dios, casi siempre son para pedirle cosas... una solución a un problema... un poco de dinero... que cambie alguna persona...

David escribió: «Silencioso estoy ante el Señor [...] porque solo de Él procede mi salvación» (Salmo 62:1, *LBD*). ¿Qué significa esperar en silencio o en reposo delante de Dios? Significa *descansar* en la presencia de Dios y esperar que Él nos hable y manifieste su presencia. No hacemos peticiones ni tampoco luchamos en intercesión. Descansamos, no porque estemos cansados, aun cuando estemos físicamente agotados, sino porque solo queremos estar en la presencia de Dios. Abandonamos la lucha y las preocupaciones, y disfrutamos la paz de estar en la presencia de Dios.

El poder del silencio

¿Sabías que hay poder en el silencio? El poder del silencio no viene de la ausencia de palabras, sino de la presencia de Dios. Cuando estamos en silencio delante de Dios, el Señor puede sanarnos, levantarnos o llevar a cabo lo que Él tiene pensado hacer en nosotros: «Solo en Dios halla descanso mi alma; de él viene mi esperanza» (Salmo 62:5).

Estar quietos y descansando en la presencia de Dios es algo que complace al Padre celestial porque cuando somos capaces de mantener las palabras bajo control, somos capaces también de mantener los pensamientos y las acciones bajo control. Santiago escribió: «Nadie puede domar la lengua. Es un mal irrefrenable, lleno de veneno mortal» (Santiago 3:8). Las palabras reflejan el enojo del corazón, revelan el pecado, manifiestan la codicia y comunican a todos que somos egoístas y vanidosos. Sin embargo, cuando controlamos las palabras, nos convertimos en la persona disciplinada que Dios quiere que seamos: «El que puede dominar su lengua puede dominar perfectamente el resto del cuerpo» (Santiago 3:2, *LBD*). El silencio refleja el comienzo de la autodisciplina y revela que seguimos a Dios.

La oración silenciosa o «sin palabras» es un arte que se aprende y una disciplina que se adquiere. Existe una diferencia entre arte y disciplina: el arte viene de modo natural, mientras que la disciplina debe desarrollarse mediante la preparación y la repetición. El arte del silencio viene de adentro, ya que el alma renovada busca con pasión la presencia de Dios. La disciplina del silencio, en cambio, es algo que debe practicarse a cada momento y que hay que esforzarse por obtener debido a que es normal que deseemos hablar. No obstante, cuando al final ejercitemos el silencio, empezaremos a conocer a Dios y a relacionarnos con Él.

El silencio es algo difícil porque a menudo puede parecer como si nada estuviera pasando. Nos sentamos y descansamos en silencio, esperando escuchar algo de Dios... y nos impacientamos cuando las palabras no vienen de inmediato. Sin embargo, ¿es que la comunicación solo se logra con palabras? Piensa en dos personas enamoradas. Quizá no se digan ni una palabra, o tal vez ni estén pensando en algo importante, pero a través del silencio se comunican amor, satisfacción y felicidad. Lleva mucho tiempo enamorarse de manera tan profunda de alguien hasta que este tipo de comunicación sea posible. De la misma manera, lleva mucho tiempo aprender a orar con éxito sin palabras.

La oración silenciosa puede también ser difícil porque revela la actitud del corazón. Cuando nos acercamos a Dios en silencio, Él alumbra la luz de su gloria en el alma y nos damos cuenta de que no tenemos excusas por nuestros fracasos o de que no podemos racionalizar por nuestro pecado. En el silencio, comprendemos que Él conoce todo sobre nosotros y que no hay nada que podamos ocultarle. El silencio nos obliga a recibir convicción de pecado, crítica por nuestras acciones y corrección de las malas decisiones. Luego, mientras en silencio examinamos el corazón, Dios nos revela de qué manera podemos cambiar nuestra vida y llegar a ser mejores personas. Y encontraremos descanso en Dios.

El silencio y la salvación

Juan Wesley, el famoso predicador metodista, decidió comprometer su vida al Señor después de escuchar en una reunión en la calle Aldersgate, Londres, la lectura del prefacio a la carta de Romanos que escribió Martín Lutero. Más tarde, recuerda su experiencia:

> Por la noche, asistí de muy mala gana a una sociedad en la calle Aldersgate donde alguien leía el prefacio de Lutero a la Epístola a los Romanos. Faltaban cerca de quince minutos para las nueve, mientras él describía el cambio que Dios opera en el corazón mediante la fe en Cristo, sentí en mi corazón un calor extraño. Sentí que en verdad confiaba en Cristo y solo en Cristo para la salvación, y recibí la seguridad de que Él había quitado mis pecados, incluso los míos, y me había librado de la ley del pecado y de la muerte[1].

Fíjate que Wesley declara que sintió un «calor extraño» en el corazón, pero no nos cuenta que oró para ser salvo, ni siquiera que hizo una oración. Su conversión no se centró en una oración compuesta de palabras, sino en la experiencia del corazón.

Un antiguo predicador metodista, que conocí una vez, solía decir cuando le preguntaban acerca de cómo estaba seguro de que era un hijo de Dios: «Sé que sé que lo sé». ¿Por qué repetía tres veces la palabra «sé»? Bueno, sabía en su *mente* que era salvo porque lo leía en la Biblia. Sabía en su *corazón* que Cristo lo salvó porque lo había experimentado. Y el viejo predicador metodista solo sabía de forma innata en lo *más profundo* que era hijo de Dios. Era una comprensión más allá de un simple conocimiento, las emociones y hasta las palabras. Tal como el predicador sabía que el fuego era caliente y que el agua estaba mojada, sabía que había recibido el perdón.

A la mayoría de nosotros no nos gusta hablar de esta manera porque nos han enseñado que la salvación no debe basarse en sentimientos. Sin embargo, este conocimiento que nace desde lo más profundo representa más que un sentimiento... representa la *fe* en Dios. Los sentimientos y las circunstancias pueden cambiar, pero la fe nunca resbala. La fe es la seguridad de que Dios mora en lo más profundo de nuestro corazón.

El anciano apóstol Juan reafirmó este concepto cuando declaró: «Les escribo esto a ustedes, que confían en el Hijo de Dios, para que sepan que tienen vida eterna» (1 Juan 5:13, TLA). Así que, la oración silenciosa puede ser una cuestión de expresar la fe. Cuando nos acercamos en silencio a la presencia de Dios, por fe sabemos dónde estamos y en presencia de quién estamos. Por fe, no nos lleva todo viento de doctrina ni todo arrebato de emoción (lee Efesios 4:14-15). Sabemos que el mundo, la carne y el diablo nos esperan afuera para atraparnos, pero permanecemos en silencio en la presencia de Dios y apoyados en su Palabra.

La importancia del descanso

Uno de los riesgos de tener cien canales de televisión, acceso a Internet y teléfonos celulares es que siempre nos tientan a estar en alguna actividad. Nos tientan a estar siempre activos y a seguir siempre una agenda. Tal vez nos preocupe que si no trabajamos los siete días de la semana, no tendremos suficiente dinero para suplir nuestras necesidades. O quizá nos hayamos acostumbrado tanto a estar activos todo el tiempo que no podemos imaginar otra forma de vida. O a lo mejor nuestros padres nos enseñaron que debemos trabajar siempre y ahora el proceso de reflexión está arraigado en nosotros. El silencio delante de Dios parece algo incómodo e inoportuno, así que nos negamos a tan solo *descansar* en la presencia de Dios.

¿Por qué es importante descansar? En realidad, ¿por qué Dios incluyó un día de descanso en los Diez Mandamientos que les dio a los israelitas cuando los sacó de Egipto?

> Acuérdate del sábado, para consagrarlo. Trabaja seis días, y haz en ellos todo lo que tengas que hacer, pero el día séptimo será un día de reposo para honrar al SEÑOR tu Dios. No hagas en ese día ningún trabajo, ni tampoco tu hijo, ni tu hija, ni tu esclavo, ni tu esclava, ni tus animales, ni tampoco los extranjeros que vivan en tus ciudades. (Éxodo 20:8-10)

Resulta evidente que Dios quería que *todos* los israelitas obedecieran esta orden de descansar. ¡Incluso debía reposar el ganado! ¿*Por qué* es importante descansar? Quizá los siguientes versículos de Éxodo expliquen el motivo: «Acuérdate de que en seis días hizo el SEÑOR los cielos y la tierra, el mar y todo lo que hay en ellos, y que descansó el séptimo día» (v. 11). *Descansamos* porque Dios descansó primero. Génesis 2:2 declara: «Al llegar el séptimo día, Dios descansó porque había terminado la obra que había emprendido». Dios descansó en el séptimo día de la semana. A este día le llamamos «sabat» porque la palabra hebrea para descanso es *shabat*. Sin embargo, ¿por qué Dios *necesitaría* descansar?

Dios no estaba físicamente cansado después de creado el mundo. Él es omnipotente, lo que significa que tiene el poder para hacer posibles todas las cosas. Cuenta con la energía necesaria para lograr cualquier cosa imaginable. Por supuesto que Dios no necesitaba el descanso *físico*. Tampoco estaba emocionalmente estresado después de la creación, porque la creación del universo no era demasiado para Dios, ni tampoco tenía más detalles de los que podía atender. Dios no necesitaba descanso *emocional*. Y tampoco necesitaba unas vacaciones para revitalizar su enfoque. A veces salimos el fin de semana porque necesitamos un cambio de ritmo. Debido a nuestras limitaciones, nos hace falta un cambio de visión y nuevas metas que nos permitan seguir adelante. Sin embargo, Dios no tiene limitaciones. Él no necesitaba descansar para obtener una nueva perspectiva una vez que creó el mundo.

Dios descansó porque terminó de hacer todo lo quería. Creó todas las cosas con su Palabra. Su Palabra fue la que dio aliento de vida en un hombre de barro y este se convirtió en un alma viviente. Dios *descansó* porque la Creación estaba terminada. Y así como Dios descansó al finalizar, Él desea que disfrutemos de esa misma experiencia.

La canción del día de reposo

Toda canción, sin importar lo complicada que sea ni del estilo de música que represente, llega siempre a una conclusión. De la misma manera, debemos «entonar» la «canción del trabajo» hasta que, al final de la semana, llegue a una conclusión y entonces acoplarnos al ritmo de la «canción del día de reposo». En el ritmo de esa canción, adoramos a Dios, oramos, aprendemos más de Él y llenamos nuestra alma a fin de poder retomar nuestro trabajo a la semana siguiente. Si optamos por trabajar todo el tiempo, perderemos la increíble oportunidad de cantar con Dios.

¿Has prestado atención? Dios *canta*. La Biblia enseña: «Se alegrará por ti con cantos» (Sofonías 3:17). Y ya que Dios canta, ¿por qué no aprender su canción y cantar con Él?

El problema es que a menudo sentimos que Dios esclaviza el espíritu. No reconocemos la música de Dios y no queremos entonar su canción. Sentimos que el día de reposo es un sistema teológico lleno de normas y leyes que nos roban la libertad. Así que lo rechazamos como un simple legalismo. Rechazamos el *descanso* de Dios.

Sin embargo, Dios no se proponía que estuviéramos inactivos en el día de reposo. Ese día seguimos trabajando, pero con propósitos distintos y con personas diferentes. La mayoría de la gente que se va de vacaciones sigue haciendo alguna clase de actividad física. Con frecuencia, esta actividad física es incluso más agotadora que lo que hacen en un trabajo de cuarenta horas a la semana, pero aun así, al ser una actividad distinta, renueva el espíritu.

Durante la semana, es probable que nuestra tendencia sea tomar el control de todas las cosas con una mano fuerte de modo que logremos que sucedan las cosas. Creemos que para alcanzar el triunfo tenemos que correr... pelear... interceptar al enemigo... y perseverar. A menudo, aplicamos la misma estrategia en la oración. Pensamos que debemos atacar todos los problemas con una oración agresiva... una oración de guerra... una oración de lucha... una oración que nunca se rinda. Oramos con todas nuestras fuerzas tal como durante la semana trabajamos con todas nuestras fuerzas.

Sin embargo, en el día de reposo de Dios, entonamos la canción de Dios. La música es diferente, las palabras son diferentes, el ritmo es diferente e incluso los acordes son diferentes. Cantar es cantar, ya sea que lo hagamos en la casa o en el trabajo. Por lo tanto, cantar la canción de Dios puede requerir tanta actividad física como la que demanda cantar el canto del trabajo. Entonces, cuando entonamos la canción de Dios, entramos en el descanso sabático. Las cosas ya no están en nuestras manos, sino que descansan en las divinas manos de Dios. Jesús dijo: «Vengan a mí todos ustedes que están cansados y agobiados, y yo les daré descanso» (Mateo 11:28). Entramos en el descanso del día de reposo cuando entramos a la presencia de Dios.

Hay dos cosas que debemos tener en cuenta respecto al día de reposo. Primero, el cumplimiento de las leyes del día de reposo nunca nos hará espirituales. Comenzar una relación con Dios no significa crear un conjunto de reglas y, luego, asignarlas a nosotros y a otros. En la Biblia, los fariseos trataron de imponer sus leyes sobre Jesús cuando Él intentó sanar a un enfermo en el día de reposo. «¿Está permitido sanar en sábado?», exclamaron (Mateo 12:10). Jesús respondió: «Si alguno de ustedes tiene una oveja y en sábado se le cae en un hoyo, ¿no la agarra y la saca? ¡Cuánto más vale un hombre que una oveja! Por lo tanto, está permitido hacer el bien en sábado» (vv. 11-12).

No podemos encontrar la presencia de Dios con solo guardar la ley. El propósito general del día de reposo es disfrutar de su presencia. Sin embargo, queda otro aspecto importante que considerar: el descanso es *bueno* para nosotros. La intención de Dios no era castigarnos cuando nos ordenó que santificáramos el sábado. Ni tampoco su intención era representar el papel de un dictador egoísta que quería privarnos de la diversión en su día de reposo. ¡No! Dios sabe que necesitamos *descanso.* Sabe que tenemos un mejor rendimiento durante los seis días de trabajo si tenemos un día de descanso. Sabe que seremos más felices si encontramos su presencia en el día de reposo. El descanso sabático es bueno y bueno para nosotros. Disfrútalo.

Descansa y guarda silencio delante de Dios

Al séptimo día, Dios descansó. La música de la creación terminó y Dios entonó una canción distinta. Necesitamos asegurarnos de tener el descanso sabático a fin de que podamos ajustarnos al canto de Dios. Si no planeamos a diario nuestro tiempo con Dios, perderemos la serenata. ¿No es el oír cantar a Dios suficiente motivación para descansar cada día en la presencia de Dios?

Y dejemos de tratar de abrirnos paso a la fuerza hasta la presencia de Dios. No tenemos que aporrear la puerta ni gritar para llamar la atención. Muy a menudo pensamos que el silencio es la ausencia de ruido o una habitación vacía. Sin embargo, el silencio es algo. El silencio existe por sí mismo. Tal como Dios existe como un ser sin presencia física, así el silencio existe para nosotros. Cuando entremos en la quietud del santuario personal, encontraremos que Dios está allí. Él nos está esperando en medio del silencio.

TU TAREA

Intenta rendirte en la presencia de Dios sin hablarle. Pablo nos amonesta a que sea nuestra ambición «llevar una vida tranquila» (1 Tesalonicenses 4:11, *LBLA*). Pídele a Dios que te ayude a aprender las lecciones de la quietud. Dios puede enseñarte a estar tranquilo y puede darte tranquilidad.

Analiza los motivos por los que te cuesta estar quieto delante de Dios. Para algunas personas, es difícil sentarse en silencio. ¿Por qué? Existen muchos motivos que explican por qué siempre deseamos estar en un lugar con ruido o enfrascados en una conversación. Es probable que le temamos a lo desconocido o a lo que la luz de Dios le revele a nuestro corazón. O es posible que no estemos acostumbrados al silencio y nos resulte incómodo. Podemos ser impacientes y no querer esperar para oír la voz de Dios. Analiza en tu vida algunos de estos motivos.

Decídete a escuchar la voz de Dios. Comprométete a pasar cada día unos minutos de tu tiempo a solas con Dios solo escuchando la voz de Dios. No hables, ni ores, ni leas la Biblia... solamente escucha. «Porque así dice el Señor omnipotente, el Santo de Israel: "En el arrepentimiento y la calma está su salvación, en la serenidad y la confianza está su fuerza"» (Isaías 30:15).

Rinde a Dios tus ideas legalistas en cuanto al descanso. Cada día, al encontrarte con Dios, olvídate de las reglas. No mires el reloj. Apaga el teléfono celular. Puesto que *shabat* significa «reposo», reposa con tranquilidad en la presencia de Dios.

Deja que Dios te hable a través de su Palabra. Una de las mejores formas de descansar es leyendo la Palabra de Dios, escuchar la Palabra en un CD, memorizar las Escrituras o meditar en la Palabra. Concéntrate en la Palabra de Dios y encontrarás reposo en Él.

Escucha el mensaje de Dios en la meditación y en la comunión. Cuando guardas silencio delante de Dios, sucede algo de lo que no te das cuenta. El cuerpo descansa de las presiones del trabajo y de la vida diaria. El espíritu se rejuvenece del estrés que enfrenta en el mundo. La mente se recrea con la imagen de Dios de modo que puedas reconocer, pensar, entender y conocer mejor. ¿No necesitas el reposo de Dios?

Nota

1. John Wesley, citado en Harry Uprichard, *Son Is Revealed: Discovering Christ in the Gospel of Mark*, Evangelical Press, Faverdale North, Darlington, Inglaterra, 1999, s. p.

CAPÍTULO VEINTIDÓS

Hagamos votos en oración

Yo, en cambio, te ofreceré sacrificios y cánticos de gratitud. Cumpliré las promesas que te hice. ¡La salvación viene del SEÑOR*!*

JONÁS 2:9

Ana era una mujer sin hijos y atrapada en un matrimonio estresante. Su esposo, Elcaná, tenía otra esposa que no dejaba de burlarse de la esterilidad de Ana. Así que Ana decidió ir al templo en busca de la presencia de Dios. Mientras Ana derramaba lágrimas con angustia por la amargura de su alma, hizo un *voto* a Dios de que si Él le concedía un hijo, lo dedicaría al servicio de Dios.

> Entonces hizo este voto: «SEÑOR Todopoderoso, si te dignas mirar la desdicha de esta sierva tuya y, si en vez de olvidarme, te acuerdas de mí y me concedes un hijo varón, yo te lo entregaré para toda su vida, y nunca se le cortará el cabello». (1 Samuel 1:11)

Ana creyó que sus oraciones por un hijo no eran suficientes e hizo un voto, una oración de promesa, a fin de cambiar las circunstancias. Prometió que su hijo viviría en medio de la comunidad sacerdotal y que no lo criaría ella en su casa. Dios escuchó la oración de Ana y le concedió un hijo al que le puso por nombre «Samuel», que significa «al SEÑOR se lo pedí» (1 Samuel 1:20).

Hay algo significativo del voto que hizo Ana. Fíjate que Ana le dijo a Dios que si Él le daba un hijo «nunca se le cortará el cabello». En los tiempos bíblicos, a veces las personas hacían un *voto nazareo* temporal como muestra de la importancia de su petición y el nivel de compromiso que estaban dispuestos a llevar si Dios concedía la petición (lee Números 6). Ana, sin embargo, fue más allá cuando dedicó su hijo al servicio al Señor *de por vida.* Samuel se convertiría en un nazareo: alguien que no se cortaría el cabello, ni se acercaría a un cuerpo muerto, ni comería del fruto de la vid por el resto de su vida.

A la persona que tomaba tal decisión se le exigía cumplir por completo el voto hecho delante del Señor: «Si le haces una promesa al SEÑOR tu Dios, no tardes en cumplirla, porque sin duda él demandará que se la cumplas; si no se la cumples, habrás cometido pecado» (Deuteronomio 23:21). Entonces, por muy difícil que debió haber sido, Ana cumplió su voto y le entregó su hijo al Señor (lee 1 Samuel 1:28).

Una decisión que cambia la vida

A menudo la gente hace votos a Dios cuando se mete en problemas. «Señor», oran, «si me sanas, dejaré de tomar» o «Señor, prometo ser un misionero si me sacas de este lío». Esta clase de oración no es a lo que nos referimos cuando hablamos de una *oración de voto.* El hacer votos en la oración no significa *negociar* con Dios ni decir: «Haré algo por Dios si Él hace algo por mí». No. Implica algo más profundo: prometemos ser fieles pase lo que pase.

El profeta Jonás, en algún momento en medio de las dificultades, le hizo un voto a Dios que cambió su vida. Tal vez sucediera durante la tormenta antes que arrojaran a Jonás al mar. Aunque la Escritura no nos cuenta con exactitud cómo fue, no hay dudas que Jonás sintió las consecuencias. Después que a

Jonás lo liberaron del vientre del gran pez, declaró: «Cumpliré las promesas que te hice» (Jonás 2:9).

Jacob elevó una oración de voto a altas horas de la noche mientras estaba de viaje. Escapaba de su hermano, Esaú, y tenía miedo. Apoyó la cabeza sobre una piedra que recogió y tuvo un sueño en el que vio una escalera que descendía del cielo y ángeles que subían y bajaban, y al Señor que estaba de pie en lo alto de ella (lee Génesis 28:11-13). Cuando Jacob se despertó, «con mucho temor, añadió: "¡Qué asombroso es este lugar!"» (v. 17).

A la mañana siguiente, al despertarse, Jacob hizo un voto a Dios y dijo: «Si Dios me acompaña y me protege en este viaje que estoy haciendo, y si me da alimento y ropa para vestirme, y si regreso sano y salvo a la casa de mi padre, entonces el SEÑOR será mi Dios» (vv. 20-21). Jacob, como astuto hombre de negocios, no quería comprometerse de lleno hasta que Dios le cumpliera ciertas condiciones. Sin embargo, Dios, en su gracia, aceptó el voto de Jacob. A su manera imperfecta, Jacob prometió que desde ese día en adelante le daría a Dios el primer lugar en cada aspecto de su vida.

Quizá nosotros, al igual que Jacob, estemos parados en una encrucijada y la decisión que tomemos cambiará el rumbo de nuestra vida. En momentos así, es probable que deseemos hacer un voto en la presencia de Dios. ¿Por qué? Porque queremos que Dios, que conoce el futuro, guíe nuestro compromiso y nos libre de cometer un error. Más allá de esto, nuestro deseo es dedicar nuestra vida a buscar la perfecta voluntad de Dios (lee Romanos 12:2). No obstante, al hacer tales oraciones, necesitamos tener cuidado de no estar negociando con Dios como Jacob. Necesitamos comprometernos por completo a Dios sin reservas ni condiciones.

Fortalece la oración de voto

Sin duda, la oración de voto no es para los cobardes. Como lo indican las historias de Ana, Jonás y Jacob, el voto involucra tomar una decisión que cambiará nuestra vida para siempre. El voto es solo para los que quieren adentrarse en la presencia de Dios y comprometerse por completo a hacer la voluntad de Dios. Es más, el voto en la oración lidia con nuestro poder de decisión. No solo debemos elegir a Dios, sino que también debemos elegir hacer lo que Él nos revela.

Además, debemos ser cuidadosos antes de apresurarnos a hacer votos en la oración. En el Sermón del Monte, Jesús nos recuerda que debemos tener cuidado de prometerle algo a Dios... en especial si no estamos en condiciones de cumplirlo o no tenemos la intención de mantener la promesa:

> Pero yo les digo: No juren de ningún modo: ni por el cielo, porque es el trono de Dios; ni por la tierra, porque es el estrado de sus pies; ni por Jerusalén, porque es la ciudad del gran Rey. Tampoco jures por tu cabeza, porque no puedes hacer que ni uno solo de tus cabellos se vuelva blanco o negro. Cuando ustedes digan «sí», que sea realmente sí; y cuando digan «no», que sea no. Cualquier cosa de más, proviene del maligno. (Mateo 5:34-37)

Al parecer, Jesús está diciendo que ni siquiera debemos hacer votos, sino solo elegir vivir nuestra vida con integridad. No obstante, en dos ocasiones distintas, el apóstol Pablo en sus viajes misioneros hizo votos. En Hechos 18:18, Pablo hizo un voto semejante al voto nazareo que los judíos habían estado practicando durante siglos: «Pablo [...] En Cencreas, antes de embarcarse, se hizo rapar la cabeza a causa de un voto que había hecho». En Hechos 21:20-26, Pablo se unió a otros cuatro hombres que hicieron voto y acordó realizar las ceremonias de purificación de los judíos para demostrarle a la comunidad judía que no estaba enseñando que se alejaran de la ley de Moisés ni que adoptaran las costumbres gentiles. Pablo hizo este segundo voto, rapó su cabeza y pagó el gasto de los otros hombres (lee Hechos 21:20-26).

La cuestión es que Dios no prohíbe hacer votos, pero necesitamos ser muy cautelosos y no hacer votos sin sentido. Quizá esta sea una razón por la que la gente evite hacer tales votos. Tal vez se comprometieran a pasar diez minutos con Dios, pero dejan de hacer el intento cuando un día se quedan dormidos... y ahora omiten todos los devocionales juntos. Debido a que la promesa anterior les resultaba una carga muy pesada, no quieren correr el riesgo de cometer de nuevo el mismo error y hacer otro voto en oración.

¿Qué debemos hacer cuando hacemos un voto y luego fallamos y caemos? Solo levantarnos y empezar a seguir a Dios. El hábito de la obediencia se forma siguiendo a Dios, de modo que si en verdad queremos obedecerlo, necesitamos levantarnos y seguirlo otra vez. Piensa en un niño que está aprendiendo a caminar. Sí, se cae muchas veces, pero hay algo en su corazón que lo hace volver a levantarse y hacer el intento una vez más. El niño se levantará para volver a caminar... y se volverá a caer y se pondrá de pie una vez más. Si nos hemos caído y no hemos cumplido nuestra promesa, es hora de levantarnos y volver a caminar.

Cuando nos movemos con torpeza en nuestro andar con Dios, no podemos quedarnos en el suelo. Tenemos que superar el complejo de inferioridad espiritual por el que nos decimos: *No puedo hacerlo*, y superar la condena personal que nos imponemos cuando pensamos: *No soy bueno para esto*. Tal como Dios pone un deseo irresistible en el niño de levantarse cada vez que cae, Él pone en nosotros un deseo irresistible de levantarnos y volver a seguirle. Nuestro carácter no se mide por lo que hace falta para derribarnos, sino por nuestra capacidad para levantarnos cada vez que caemos.

Así como cada acto de desobediencia debilita la voluntad, cada acto de obediencia fortalece la determinación. Cuando obedecemos con pasos cortos, recibimos poder para hacer pasos más largos en el futuro. Por lo tanto, no busquemos el momento ni el lugar adecuado para obedecer, porque no habrá uno. Si vives en una familia disfuncional, quizá nunca sea oportuno obedecer a Dios, pero hazlo de todos modos. Si tienes un trabajo agotador, es probable que nunca tengas tiempo de obedecer a Dios, pero hazlo de todos modos. Si tu vida privada es un desastre, es probable que no te sea fácil obedecer a Dios, pero hazlo de todos modos. La obediencia en las pequeñas cosas traerá pequeñas sensaciones de paz interior y, cada vez que obedezcas, la paz de Dios crecerá para influir y dirigir tu vida (lee Juan 16:33).

Un lugar razonable para comenzar podría ser hacer un voto a fin de ser constantes en nuestro tiempo diario a solas con Dios. Es normal suponer que, ya que la oración es tan importante, lo haremos con naturalidad, pero no sucede así. Todos tenemos una vida ocupada que tiende a ahogar nuestro tiempo de oración. Es sorprendente cuántas «cosas» aparecen que interrumpen nuestro momento a solas con Dios. Suena el teléfono, tocan a la puerta o se presenta una crisis que demanda atención inmediata. Y si no son estas distracciones externas, siempre hay distracciones internas que tenemos que enfrentar. La mente divaga, de repente nos acordamos de algo que olvidamos hacer o cuando estamos orando abandonamos nuestra posición de rodillas para intentar solucionar eso por lo que hemos estado orando.

Muchos tratamos de dirigir nuestros devocionales diarios; pero la verdad es que si no hemos hecho un voto de encontrarnos cada día con Dios en un horario habitual, resulta difícil tener el control de un compromiso que nunca hemos hecho. Si queremos crecer en nuestra relación con Dios, necesitamos darle el *primer* lugar en la agenda diaria. Si queremos triunfar en la oración, necesitamos hacer el compromiso de orar cada día por un tiempo determinado. Si estamos con regularidad en ese lugar para adorarlo, Él vendrá a recibir esa adoración.

TU TAREA

Analiza tus motivos. Recuerda que el amor de Dios es incondicional y que cumplir un voto no cambiará lo que Él siente por ti. Cuando hagas una oración de voto, asegúrate de que no tratas de negociar con Dios ni quieres imponer una carga legalista.

Piensa en algunos votos del pasado que rompiste. Este ejercicio no es para que te sientas culpable, sino para que te prepares para el siguiente voto. ¿Cuáles son los motivos que te llevaron a fracasar? Si fue un pecado, confiésalo. Si fue descuido, decide hacerlo mejor la próxima vez. Si se interpusieron distracciones en el camino, haz el *voto* de poner a Dios y su voluntad en primer lugar.

Comienza con votos pequeños o modestos. En cierto modo, no existen los pequeños votos, pues muchos votos pequeños añaden grandes experiencias. Sin embargo, cuando empieces a hacer votos, elije algunos pequeños que sepas que serás capaz de cumplir. Esto fortalecerá tu compromiso antes de empezar a enfrentarte a votos más exigentes. Por ejemplo, algunos votos sencillos que puedes hacer son:

- reunirte con Dios en determinado momento del día
- pasar una cierta cantidad de tiempo cada día en oración
- leer una cierta cantidad de versículos de la Escritura a diario
- comprometerte a mantener una lista de oración
- repetir el Padrenuestro cada mañana antes de empezar el día

CAPÍTULO VEINTITRÉS

oraciones hipócritas

Cuando oren, no sean como los hipócritas, porque a ellos les encanta orar de pie en las sinagogas y en las esquinas de las plazas para que la gente los vea. Les aseguro que ya han obtenido toda su recompensa.

MATEO 6:5

La palabra «hipócrita» viene del latín *hypocrita*, la cual se usaba para describir a una persona que daba la falsa apariencia de tener principios, creencias o sentimientos admirables. Los hipócritas en los días de Jesús, casi siempre los fariseos, iban al mercado vestidos con los atuendos religiosos para alardear de su espiritualidad. Se sentaban en los mejores asientos de la sinagoga y a la cabecera de la mesa en los banquetes (lee Marcos 12:38-40). Y para asegurarse de que todos captaran su mensaje, se paraban en las esquinas con las manos levantadas a Dios y oraban en voz alta para que todos pudieran escucharlos.

Cuando Jesús dio su sermón en el monte, les dijo a las multitudes: «Cuando oren, no sean como los hipócritas, porque a ellos les encanta orar de pie en las sinagogas y en las esquinas de las plazas para que la gente los vea. Les aseguro que ya han obtenido toda su recompensa» (Mateo 6:5). ¿Por qué Jesús acusó a los fariseos? Porque los hipócritas oran para mostrar una falsa fachada. Oran para centrarse y gloriarse en sí mismos, robándole al Señor la gloria y el honor que Él se merece.

Ora antes de hacer cualquier voto. Antes de cualquier voto, asegúrate de estar comprometiéndote con el plan de Dios y, luego, ora para que Dios te guíe a realizar solos esos votos que Él quiere que hagas. El motivo principal que lleva a la mayoría de las personas a romper sus votos es porque los hicieron en el momento equivocado, por el motivo equivocado o porque nunca deberían haberlos hecho en realidad. Así que es importante elegir con cuidado un voto que sabes que es la voluntad de Dios.

Recuerda tu oración de voto a fin de reunirte a diario con Dios. Tu voto te obligará a encontrarte cada día con Dios de modo que puedas cosechar las recompensas de estar en su presencia. Y una vez que estés en la presencia de Dios, haz otro voto que te obligue a hacer las cosas que enriquecerán tu vida y que harán que seas de bendición en el reino de Dios.

A veces Dios no contesta nuestras oraciones porque «oramos mal» o por los motivos indebidos (Santiago 4:3). ¿Alguna vez has orado con alguien y has «inflado» tu oración para hacer que parezca buena en vez de hablar con el corazón? ¿Alguna vez has intentado *parecer* espiritual para impresionar a alguien? Cuando oramos por cosas para hacernos felices o para dar una visión idealizada de nosotros, participamos en la *oración hipócrita*[1].

Recompensas equivocadas

¡El problema es el ego! Nos motiva el orgullo. Queremos que la gente piense que somos espirituales. Sin embargo, ¿qué dijo Jesús de los que oraban para recibir gloria? «Ya han obtenido toda su recompensa» (Mateo 6:5). La oración hipócrita es la motivación más insidiosa para orar porque quita la atención de Dios y la pone en nosotros. Al final, este tipo de oración no logra nada más que hacernos sentir un poco mejor por un momento. Como dijo Jesús: «Porque el que a sí mismo se enaltece será humillado, y el que se humilla será enaltecido» (23:12).

La raíz del problema de las oraciones hipócritas es la actitud. En lugar de mantener la relación con Dios en privado, se la mostramos a todo el mundo. Ahora bien, no está mal que la gente nos vea orar, ni tampoco orar en voz alta delante de los hombres, ni siquiera orar en las esquinas. La cuestión es siempre la actitud; cuando oramos con hipocresía, tratamos de parecer espirituales por fuera mientras que por dentro alimentamos la carne.

Así que la oración hipócrita tiene dos peligros. Primero, tendemos a esconder nuestro orgullo detrás de un manto de religiosidad. Escondemos cualquier sensación de hambre de Dios que podamos tener debajo del hambre egoísta de reconocimiento espiritual. Segundo, buscamos las recompensas equivocadas de la oración. Deberíamos estar orando para desarrollar una relación con Dios y experimentar la recompensa de estar en su presencia... no la recompensa de recibir gloria de las personas que nos ven orando. Cuando oramos para buscar el afecto de la gente, somos hipócritas.

Entonces, ¿esto quiere decir que solo deberíamos orar en secreto? ¿Solo deberíamos orar cuando nadie sabe lo que hacemos? ¿Acaso no dijo Jesús: «Pero tú, cuando te pongas a orar, entra en tu cuarto, cierra la puerta y ora a tu Padre, que está en lo secreto. Así tu Padre, que ve lo que se hace en secreto, te recompensará» (Mateo 6:6)? Es como si Jesús nos dijera que no debemos orar delante de los hombres. Sin embargo, este no es el panorama completo.

Haz brillar la luz

Jesús no quería decir que está mal orar *en público*. A lo que se refería era a que está mal orar *para que nos vea el público*. Jesús hace el mismo comentario acerca de tener los motivos adecuados cuando se realizan buenas obras: «Cuídense de no hacer sus obras de justicia delante de la gente para llamar la atención» (Mateo 6:1). Es más, Jesús debe de haber orado en público, o al menos en presencia de sus discípulos, ya que le pidieron: «Señor, enséñanos a orar» (Lucas 11:1). El hecho de que alguien viera orando a Jesús y, luego, le haya preguntado cómo orar supone que Jesús no lo hacía a escondidas.

Jesús incluso supuso que estaba bien recibir reconocimiento público por hacer lo bueno cuando dijo: «Hagan brillar su luz delante de todos, para que ellos puedan ver las buenas obras de ustedes y alaben al Padre que está en el cielo» (Mateo 5:16). La oración en público es, sin duda, una de las formas de dejar que la luz brille delante de otros. Jesús no decía que debemos ocultar las cosas buenas que hacemos, solo que debemos desear que otras personas vean lo que hacemos de modo que se glorifique a Dios. La cuestión es la gloria de Dios, no la gloria personal.

Considera el asunto más de cerca. No se trata de *si* queremos que otros vean lo que hacemos, sino *por qué* queremos que nos vean otros. Cuando Daniel oraba, se iba a una habitación y abría la ventana que daba a Jerusalén desafiando en público el decreto que decía que nadie debía orar a otro dios que no fuera el rey Darío (lee Daniel 6:6-11). La oración pública de Daniel no era un acto de hipocresía, sino una declaración de que solo le daría gloria al único Dios verdadero de Israel. Así que, cuando los de afuera descubren que hemos estado orando, o que nuestras oraciones han recibido respuesta, no está mal. En realidad, es bueno cuando Dios utiliza nuestro testimonio para animar a otros a orar o servir al Señor.

Una oración sublime

Un periodista que trabajaba para un periódico de Nueva York describió a un cristiano que oró en una gran reunión religiosa diciendo: «Esa fue la oración más sublime que se haya ofrecido a una audiencia de Nueva York». ¿Será que el periodista no entendió bien? Si fue una oración sublime, debió ofrecerse a Dios, no a una audiencia de Nueva York.

No permitas que la oración hipócrita te robe el testimonio como cristiano. Si eres padre, deja que tus hijos te vean orando en las comidas. Para ellos es bueno ver que Dios suple las necesidades. Si trabajas entre no cristianos, deja que te vean orando para que sepan que dependes de Dios. El testimonio público puede inspirar a otros a buscar a Dios o a conocer más de Él. Si estás en medio de amigos que no son salvos, no ocultes el hecho de que crees en Cristo y lo sigues. Haz brillar tu luz y demuestra el amor de Dios a cada persona que forma parte de tu vida.

TU TAREA

Pídele a Dios que te enseñe a orar con la actitud adecuada. Cuando los discípulos en una ocasión vieron a Jesús orando toda la noche, le pidieron que les enseñara a orar. Haz como los discípulos: Pídele a Dios que te enseñe a orar por las cosas debidas y con la actitud adecuada.

Mantén puesta tu atención en Dios. ¿Eres culpable de buscar la gloria propia cuando oras o de intentar parecer súper espiritual? Cuando oras, es fácil desviar la atención de Dios y relegarlo a un segundo lugar. Sin embargo, ¿crees de veras que Dios quiere estar en el segundo lugar en tu vida?

Entrega cualquier recompensa que recibas por orar. En Mateo 6:6, Jesús dice: «Tu Padre, que ve lo que se hace en secreto, te recompensará». Aprende a orar de modo que no necesites el aplauso de los que te rodean. Ora para que Dios sea el que reciba el aplauso.

Haz de Dios tu mayor recompensa. Una recompensa de orar con la actitud adecuada es que Dios puede escuchar tu oración y conceder tu petición. Sin embargo, existe una mayor recompensa: el mismo Dios. Cuando tu atención está puesta en Dios, recibes la recompensa de su presencia. Cuando te acercas a Dios, el mayor logro en la oración es entrar en la presencia de Dios y tener comunión con Él.

Nota

1. No está mal sentirnos felices como resultado de una oración. Por supuesto, cuando Dios responde, nos gozamos y estamos satisfechos. La clave está en no orar por una respuesta solo para estar contentos, sino que deberíamos estar felices cada vez que recibamos una respuesta.

CAPÍTULO VEINTICUATRO

La repetición de oraciones escritas

Jabés le rogó al Dios de Israel: «Bendíceme y ensancha mi territorio; ayúdame y líbrame del mal, para que no padezca aflicción». Y Dios le concedió su petición.

1 Crónicas 4:10

Crecí en una iglesia presbiteriana en Savannah, Georgia, y cada domingo por la mañana adorábamos a Dios en un culto, conservando parte de la liturgia. Algo que siempre me molestó de la forma en que se dirigía la reunión era que el pastor siempre leía su oración. No sé por qué las oraciones recitadas no me agradaban. Cuando acepté a Cristo a los diecisiete años, no cambié de opinión con respecto a este asunto. En todo caso, mi desprecio por ellas se intensificó.

En mi mente, la oración era hablar con Dios y, por lo tanto, espontánea, así que rechazaba todo lo que entendía como apagado o formal. Quería la realidad de Jesús sin fórmulas ni apoyos externos. Muchas personas que conozco en la actualidad poseen esta mentalidad que solía tener con respecto a los credos, la liturgia y las oraciones por escrito.

En 1982, desayuné con el Dr. David Yonggi Cho, pastor de la Iglesia del Evangelio Completo de Yoido en Seúl, República de Corea, la mayor iglesia del mundo. Respeto mucho al Dr. David Yonggi Cho, de modo que le pregunté de qué manera podía llevar una vida más piadosa. El Dr. Cho me aconsejó que cada día orara «las rutinas». De inmediato reconocí que se refería al Padrenuestro. El Dr. Cho me dijo: «Cuando haces las siete peticiones del Padrenuestro, oraste por cada aspecto de tu vida e incluso lo haces de la forma que espera Dios».

Recitar todos los días el Padrenuestro se convirtió en la primera prueba de recurrir a una oración escrita en mi tiempo de oración. Ahora, al despertarme a las seis de la mañana, me destapo para no volver a dormirme y digo el Padrenuestro antes de levantarme. Después del desayuno, cuando comienzo mi tiempo a solas con Dios, vuelvo a decir el Padrenuestro. Siento que es un puente que lo abarca todo y que me conduce a la presencia de Dios. Al igual que la exploración del océano más profundo, abre mis ojos a una nueva perspectiva del Señor y me concede nuevas fuerzas en mi andar diario con Dios. Descubrí que encierra lo que cree y vive un cristiano.

Un culto en el lago

En 1996, un domingo por la mañana, mi esposa y yo viajamos en barco desde San Petersburgo hasta Moscú, cruzando el mar Blanco al norte de Rusia. No había ningún culto planeado, así que mi amigo y yo preguntamos si podíamos realizar uno a bordo del barco. El capitán estuvo de acuerdo y nos permitió ocupar el comedor.

Se anunció la reunión por los altavoces y enseguida rusos ortodoxos, católicos romanos y una variedad de protestantes de los Estados Unidos comenzaron a llenar la sala. Pronto me di cuenta de que la mayoría de la gente no lleva una Biblia cuando viaja, así que decidí tomar una porción de la Escritura que a todos les resultara conocida: el Padrenuestro. Al fin y al cabo, de seguro que me resultaba conocido, pues lo oraba cada mañana.

A pesar de las diferencias que había entre los cristianos que estaban en el comedor, el mensaje tuvo buena acogida. Esa tarde, empecé a escribir el libro *Praying the Lord's Prayer* con el propósito de reproducir algunas de las ideas y los pensamientos que estuvieron presentes en ese culto del domingo por la mañana[1].

Cuando se publicó el libro, tuve la oportunidad de hablar con Billy Graham y le pregunté si podía regalar algunos ejemplares de mi libro en su programa que se transmitía por televisión. «Muchas personas inconversas que ven su programa recitan el Padrenuestro en la iglesia», le dije. «Este libro puede conducir a su salvación». Billy Graham regaló veinticinco mil ejemplares en 1999.

En la misma época, *La oración de Jabes* se convirtió en un éxito de librería, lo que significó que millones de estadounidenses ponían en práctica hacer oraciones escritas. La vida de la gente empezó a cambiar a medida que oraban:

¡Oh, si en verdad me bendijeras,
ensancharas mi territorio,
y tu mano estuviera conmigo
y me guardaras del mal
para que no me causara dolor! [2]

Tal como los poetas pueden reproducir con palabras lo que viven y sienten, las oraciones por escrito pueden reproducir los anhelos más profundos del corazón. Claro, cuando subrayo la importancia de escribir nuestras oraciones, no me refiero a que debamos dejar de lado toda espontaneidad o conversación. Las oraciones escritas pueden ser muy coloquiales y siempre habrá espontaneidad cuando derramemos de verdad el corazón en oración, súplica y adoración. En realidad, el escribir oraciones nos hace más espontáneos porque nos obliga a romper los hábitos negativos que quizá creáramos al expresar siempre con palabras nuestras oraciones.

Vanas repeticiones

Cuando algunos cristianos oran en voz alta, cambian la voz y la hacen más grave, como si intentaran reproducir la voz de Dios. Otros levantan la voz y gritan, quizá porque sientan que sus oraciones no las escucharán a menos que les pongan más ganas o articulen mejor. Algunos enfatizan ciertas partes para que las frases o palabras lleguen a captar la atención de Dios. Sin embargo, orar de este modo pone la atención en la forma de la oración y no en Dios mismo.

Tal vez Jesús se refiriera a la pobreza de la oración espontánea al hablar de los que se paraban en las esquinas y usaban «vanas repeticiones [...] que piensan que por su palabrería serán oídos» (Mateo 6:7, *RV-60*). Su deseo de orar en voz alta para que otros les escucharan los llevaba a gloriarse y verse como hipócritas delante de Dios. A medida que leo este pasaje, tengo la impresión de que sus oraciones espontáneas no eran nada más que vanas repeticiones a los oídos de Dios.

Es fácil caer en el hábito de orar siempre por las mismas cosas y justo de la misma manera. ¿Recuerdas el viejo proverbio: «La confianza da asco»? Como seres humanos, tendemos a caer en ciertos hábitos y podemos llegar a familiarizarnos tanto con las palabras que usamos, que nuestras oraciones pierden su significado. Escribir oraciones acaba con esos hábitos y nos ayuda a estar más atentos al verdadero contenido de las peticiones. La oración por escrito nos ayuda a convertirnos en mejores guerreros de oración.

Escribir oraciones nos libra de una religión centrada en nosotros mismos. Al mostrárselas a otros, permitimos que esas personas entren a nuestro mundo, se arrodillen con nosotros y escuchen las preocupaciones que tenemos en el corazón. Sirven para bendecir a los demás y fortalecer el Cuerpo de Cristo como un todo. Cuando nos unimos en comunión y expresamos las oraciones que escribimos, llegamos a un acuerdo con otros con respecto a nuestras peticiones (lee Mateo 18:19).

Algunos inconvenientes

Entre todos los beneficios de la oración escrita debería señalar que existen algunos puntos débiles implícitos cuando empezamos a reducir a palabras la pasión del corazón. Por ejemplo, cuando Dios pone una gran carga en el corazón, una reacción es caer a los pies del Señor. Es difícil expresarlo con palabras. Cuando el apóstol Juan vio a uno «semejante al Hijo del hombre», vestido con una túnica que le llegaba hasta los pies y ceñido con una banda de oro a la altura del pecho» (Apocalipsis 1:13), cayó como si estuviera muerto. Esa es una experiencia que no se puede reducir a un escrito.

Quizá uno de los puntos más débiles de este tipo de oración sea que a veces las leemos sin procurar comprender el sentido de las palabras. Repetimos poesías sin pensar en lo que decimos ni a quién oramos. Todo el proceso se convierte en algo hecho de memoria, y cuando eso sucede, destruimos el verdadero significado de la oración.

Esto nos trae otro problema. Todos los días surgen nuevas necesidades y todas las mañanas enfrentamos distintos problemas. No existe una oración escrita que podamos recitar y que sea pertinente a las necesidades de mañana, así como hay oraciones escritas que no fueron pertinentes a las necesidades de ayer. Recuerda, ¡el hoy es importante!

La práctica de este método puede llevarnos a que centremos la atención en la gramática y en la sintaxis y no en el significado de las palabras. A algunos les preocupa no ser muy buenos escritores y que sus palabras no le transmitan a Dios el significado deseado. Sin embargo, déjame decirte que Dios nunca rechazará nuestras oraciones por tener una mala gramática ni hará caso omiso si usamos palabras indebidas. Es más, la Escritura dice: «Su Padre sabe lo que ustedes necesitan antes de que se lo pidan» (Mateo 6:8). Otras personas pueden juzgarnos por la gramática, la pronunciación o por la pobre elección de palabras, pero nuestro Padre que está en los cielos está mucho más interesado en el corazón.

Los salmos y otras oraciones escritas

Como dije, una de las mejores maneras de empezar el hábito de usar oraciones escritas es recitando cada día el Padrenuestro. Otra fuente importante de oración son los salmos escritos por diversas personas en momentos de gran regocijo y en momentos de gran sufrimiento. Los salmos no solo fueron para los santos del Antiguo Testamento; los creyentes de la iglesia primitiva los tenían a su disposición en el tiempo de adoración, como Pablo lo indica en sus palabras a los efesios:

> No se emborrachen con vino, que lleva al desenfreno. Al contrario, sean llenos del Espíritu. Anímense unos a otros con salmos, himnos y canciones espirituales. Canten y alaben al Señor con el corazón. (Efesios 5:18-19)

Otras dos oraciones excelentes que los cristianos durante siglos han aplicado son la «Oración de Jesús» (también llamada por algunos padres de la Iglesia la «Oración del corazón») y la «Oración del Espíritu Santo». La Oración de Jesús es una composición de varias oraciones dadas en el Nuevo Testamento (lee Lucas 17:13; 18:14, 38) que se han utilizado, enseñado y analizado de manera considerable a lo largo de la historia del cristianismo ortodoxo oriental. Dice así:

Señor Jesucristo,
Hijo de Dios,
ten misericordia de mí,
que soy pecador[3].

Asimismo, la Oración del Espíritu Santo es rica en el lenguaje del Nuevo Testamento:

Rey de los cielos, Consolador,
Espíritu de la Verdad,
que estás en todas partes y llenas todas las cosas,
el tesoro de la bendición y el dador de vida,
ven y habita en nosotros,
límpianos de toda maldad,
y salva nuestras almas, oh bendito[4].

Así que, no temamos abrirle el corazón a Dios escribiendo oraciones, ni nos preocupe tampoco que no seamos lo bastante espontáneos. Que no nos perturbe el miedo a no escribir algo profundo o a no usar las palabras y la gramática adecuadas. ¡No podemos impresionar a Dios! Y cuando hagamos oraciones escritas, debemos mostrárselas a los que nos rodean de modo que esas personas puedan apoyarnos en la oración por nuestras necesidades y nos fortalezcamos en su fe.

TU TAREA

Escribe hoy una de tus oraciones. Si no estás acostumbrado a contar con palabras lo que hay en tu corazón, no te precipites en esta nueva experiencia ni intentes escribir todas tus oraciones. Sé selectivo. Comienza escribiendo una o dos oraciones que tengan un significado especial para ti.

Inicia un archivo. Una vez que escribas una oración, crea un archivo para que puedas encontrar esa oración y usarla de nuevo cada vez que surja una situación similar en el futuro.

Lee las oraciones que escribieron otros. Puedes encontrar oraciones escritas en libros devocionales o en libros de oración pertenecientes a la liturgia de la iglesia. A medida que leas estas oraciones, trata de conectarte con el autor y entender lo que le expresa a Dios mediante la oración.

Recita el Padrenuestro. Por supuesto, una de las mejores oraciones escritas es la que Jesús les enseñó a sus discípulos. Comienza cada día recitando el Padrenuestro y meditando en el significado de sus palabras.

Ora a través de los Salmos. Lee algunos de los salmos que aparecen en la Biblia y elije varios que sean pertinentes a la situación que estás viviendo. Recita el salmo como una oración a Dios que salga desde el corazón[5].

Notas

1. Elmer L. Towns, *Praying the Lord's Prayer*, Regal Books, Ventura, CA, 199).
2. Bruce Wilkerson, *La oración de Jabes*, Editorial Unilit, Miami, FL, 2001, p. 93.
3. El fraseo exacto de la Oración de Jesús ha variado de una simple forma tal como «Señor, ten misericordia», a una más común mencionada en este capítulo. Las primeras menciones conocidas de la oración aparecen en el primer tomo de *Philokalia* escrito por San Diadoco (400-486 d. C.) y en *Pros Thedolulon* por San Hesiquio (*ca.* 700-800 d. C.). Véase del fraile Steven Peter Tsichlis, «*The Jesus Prayer*», Archidiócesis Ortodoxa Griega de Estados Unidos, http://www.goarch.org/en/ourfaith/articles/article7104.asp; y «*Jesus Prayer*», Wikipedia, http://en.wikipedia.org/wiki/Jesus_Prayer; accedido en enero del 2006.
4. La Oración del Espíritu Santo es parte de «*Trisagion Prayers*», un conjunto de oraciones antiguas que se recitan en las reuniones y los devocionales orientales ortodoxos. Véase «*Trisagion*», OrthodoxWiki, http://www.orthodoxwiki.org/Trisagion_Prayers; accedido en enero de 2006.
5. Véase de Elmer L. Towns, *Praying the Psalms*, Destiny Image Publishers, Shippensburg, PA, 2004, en el que traduje el libro entero de los Salmos del hebreo al inglés moderno y, luego, los organicé en una estructura que puede usarse como una oración personal a Dios.

CAPÍTULO VEINTICINCO

La oración en el espíritu

Vosotros, amados, edificándoos sobre vuestra santísima fe, orando en el Espíritu Santo.

JUDAS 20, RV-60

Se nos dice que andemos en el Espíritu, que ministremos en el Espíritu y que seamos llenos del Espíritu. Sin embargo, ¿qué significa *orar en el Espíritu*?

En Gálatas 5:16 (*RV-60*), Pablo escribe: «Andad en el Espíritu, y no satisfagáis los deseos de la carne». Creo que entiendo lo que es andar en el Espíritu porque cuando me entrego a Él, me ocupo de mis asuntos con gozo, optimismo y entusiasmo. Si *ando* en el Espíritu, camino con paso alegre y hasta parece que voy tres o cuatro pasos por delante. Es como si ya hubiera llegado al lugar de destino. No obstante, ¿estas ilustraciones definen lo que es orar en el Espíritu?

En Juan 6:63, Jesús dijo: «El Espíritu da vida; la carne no vale para nada. Las palabras que les he hablado son espíritu y son vida». Asimismo, creo que sé lo que es ministrar en el Espíritu porque cuando me rindo al Espíritu Santo, mis pensamientos los controla Él y enseño lo que Cristo quiere que enseñe. El Espíritu Santo controla mi boca y me da palabras que no pensaba decir. Si enseño en el Espíritu, los alumnos entienden la revelación bíblica, o piensan lo que Dios piensa, o se elevan a nuevos niveles de comunión con Dios. Aun así, repito, ¿estas ilustraciones definen lo que es orar en el Espíritu?

Cede el control

Con los años, creo que he aprendido un poco lo que significa orar en el Espíritu. Si me rindo al Espíritu en oración, oro más confiado, alegre y seguro. Si oro en el Espíritu, irrumpo en la «oración de fe» (Santiago 5:15, *RV-60*), sabiendo que Dios escuchará mi oración.

En Efesios 5:18, Pablo nos dice: «Sean llenos del Espíritu». Ahora bien, desde el punto de vista técnico, el Espíritu Santo vino a vivir a nuestra vida en el momento en que fuimos salvos porque cuando invitamos al Señor a nuestra vida, recibimos a los tres miembros de la Trinidad: el Padre (lee Juan 14:23), el Hijo (lee Juan 1:12) y el Espíritu Santo (lee Romanos 8:9). El Espíritu Santo mora en todo el que acepta a Cristo. Sin embargo, lo que Pablo quiere decir en Efesios 5:18 es que necesitamos dejar que el Espíritu Santo *tome el control* de nuestra vida. El problema es que muchos de nosotros sujetamos al Espíritu Santo y no dejamos que Él guíe o influya en nuestra vida.

Orar en el Espíritu es más que pronunciar las líneas que Dios nos da de comer desde la sala del trono del cielo. Orar en el Espíritu significa derramar lo que sentimos con palabras dadas por el Espíritu Santo. Son oraciones llenas de espontaneidad, con palabras que emergen de lo más profundo del corazón y donde las emociones fluyen de la inmensidad de nuestro amor. El Espíritu Santo activa toda la fuerza que hay en nosotros y, como resultado, el Padre responde sanando al enfermo, librándonos del peligro, proveyendo para nuestras necesidades y más.

Cuando oramos en el Espíritu, nuestra mente no va a la deriva con ideas confusas ni hurga en la niebla espesa de modo que no podamos pensar con claridad. Sucede lo contrario:

cuando estamos llenos del Espíritu, la concentración es mejor y los pensamientos más claros. Las emociones son optimistas y no tristes ni llenas de miedo. Si somos llenos del Espíritu, estamos rendidos al Espíritu y, por lo tanto, nuestra voluntad está comprometida con Dios.

Podemos llegar a sentirnos alejados de todo lo que nos rodea y, aun así, conectarnos más que nunca con Dios por medio del Espíritu Santo. Tenemos tranquilidad porque dependemos del Espíritu Santo para los resultados. Tenemos seguridad porque ya no es responsabilidad nuestra el control de nuestra vida, sino suya. Estamos libres de todo sentimiento de duda y temor. Estamos activos porque el Espíritu Santo centra toda nuestra energía en la oración. Estamos en paz porque ya no luchamos para que todo esto suceda... solo dejamos que suceda.

Conocimiento y emociones

Algunas personas creen que mientras más sepan del Espíritu, más sentirán su presencia. Creen que el conocimiento del Espíritu Santo los llevará de manera automática a la plenitud del Espíritu Santo. No obstante, nunca vivimos en el Espíritu con solo pensar en vivir para Él. Cuando viene el Espíritu, toma el control de todo. Nos habla a través de la mente, despierta nuestros sentimientos y encuentra libertad en nuestra voluntad.

Esto no quiere decir que el conocimiento de la Escritura y del Espíritu Santo no sea importante. Existe una clara relación entre conocer la Biblia, conocer a Dios y la plenitud del Espíritu Santo. Si conocemos la Biblia y somos llenos del Espíritu, Él puede usar el conocimiento de la Palabra de Dios a un nivel de competencia mucho más elevado. Podemos hacer más, ser más y orar con mayor eficacia porque el Espíritu obra en y a través del conocimiento bíblico que tenemos.

Por otro lado, si no conocemos la Palabra de Dios y, por lo tanto, no conocemos mucho de Dios, cuando nos rindamos al Espíritu, Él también nos hablará, pero no como quisiera, porque la Biblia es la *Palabra* de Dios y el Espíritu Santo habla a través de ella. Si la mente y el corazón no están llenos de la Escritura, no seremos capaces de hacer para Dios lo que hace otra persona tan rendida a Dios como nosotros, pero saturada de la Biblia.

Cuando el Espíritu Santo nos llene, usará el conocimiento de la Escritura que ya tenemos para sumergirnos en la mente de Dios. Cuando oramos en el Espíritu, el espíritu humano y el Espíritu divino trabajan juntos como si fueran uno. El Espíritu Santo hará nuestras emociones más expresivas y acentuará nuestra personalidad, pero no seremos uno con el Espíritu, ni perderemos nuestra identidad. Dios seguirá siendo Dios y nosotros seguiremos siendo humanos.

En lo personal, me doy cuenta de que estoy en el Espíritu por completo cuando lo que conozco de la Escritura (mi mente), lo que he rendido a Dios (mi voluntad) y la forma en que mis sentimientos influyen en mi vida (mis emociones) están en unidad. No obstante, debemos ser cuidadosos de no intentar «verter» el Espíritu Santo en el intelecto, las emociones o la voluntad. Del mismo modo que el conocimiento del Espíritu Santo no hace que tengamos la plenitud del Espíritu Santo, las muchas lágrimas y la súplica incesante no nos llenarán del Espíritu.

Mientras más pensemos en que el Espíritu Santo controle nuestra vida, menos lo hará. Mientras más intentemos «introducirlo» en una situación, menos vendrá. Y mientras más intentemos despertar sentimientos, menos los despertará el Espíritu Santo. No podemos tratar al Espíritu como un interruptor de electricidad que se enciende y se apaga.

Se trata de una relación

La oración en el Espíritu no es una técnica a perfeccionar ni tampoco una condición a desear. No implica pedirle al Espíritu Santo que nos dé soluciones a los problemas. No significa invitarlo a venir a nuestra vida para que podamos sentirnos mejor o incluso para que nos puedan utilizar en su servicio. Más bien, orar en el Espíritu es tener una *relación* con Dios. ¿Cómo obtenemos esta relación? Teniendo presente que el Espíritu Santo habita en nosotros y rindiéndonos por completo a Dios. Confiamos en que Él guiará nuestros pensamientos, controlará nuestras emociones y guiará nuestras elecciones.

Cuando oramos en el Espíritu, estamos involucrados de manera tan activa en lo que quiere hacer el Espíritu, que parece que nada importa... y somos más felices que nunca. La calidad de nuestra experiencia con Dios nos satisface más que cualquier otra cosa que pudiéramos provocar nosotros mismos. Nuestra mente se vuelve más clara por el poder del Espíritu de lo que podría llegar a ser mediante el estudio o la investigación. Y para los que tenemos una voluntad disciplinada, podemos tomar mejores decisiones que las que podríamos tomar a través del propio esfuerzo, decisiones que nos llevarán al objetivo principal de la vida: conocer a Cristo y darlo a conocer.

La oración en el Espíritu es un desafío que nos hará volar más alto que nunca. No rompemos las reglas, naturales o espirituales, sino que oramos con mucha concentración... con emociones agonizantes... y con una voluntad decidida. ¿Y para qué? Para que Dios sea glorificado.

TU TAREA

Ríndete al Espíritu. Intenta permitir que el Espíritu Santo controle tu tiempo a solas con Dios. Tan solo guarda silencio ante el Señor y *espera* que Él te hable (quizá quieras repasar el capítulo 23). Recuerda, la oración en el Espíritu es algo que hace Dios. No puedes tener una vida llena del Espíritu ni impulsarte a orar en el Espíritu por tu cuenta. Se trata de estar en una buena relación con Dios para que el Espíritu pueda llenarte y utilizarte.

No pienses en motivos de oración. Relájate en la presencia del Señor y deja que el Espíritu Santo traiga a tu mente asuntos por los que debas orar. Permite que te ponga una carga por algún motivo y, entonces, presenta ese motivo delante de Dios.

Ora con valor y fe. Cuando el Espíritu Santo ponga un motivo en tu corazón, es momento de actuar y seguir su ejemplo. Recibe el poder de Dios y ora con valor porque tienes la seguridad de que tu motivo está dentro de la voluntad y el propósito de Dios.

Piensa cómo te sientes cuando tienes la plenitud del Espíritu Santo. Me gustaría ver el ritmo cardíaco o la lectura del monitor Holter de los momentos en que he estado lleno del Espíritu. Cuando estoy desanimado o he fallado en una tarea, mi sistema se retrasa, mis pensamientos se tornan aburridos y siento como si me hubiese caído en una zanja. Sin embargo, cuando estoy lleno del Espíritu, mi intelecto y mis emociones se intensifican y toda mi vida resplandece con un fuego positivo. ¿Cómo describirías lo que sientes cuando Dios derrama en tu vida su Santo Espíritu?

CAPÍTULO VEINTISÉIS

oraciones de crucifixión

En cuanto a mí, jamás se me ocurra jactarme de otra cosa sino de la cruz de nuestro Señor Jesucristo, por quien el mundo ha sido crucificado para mí, y yo para el mundo.

GÁLATAS 6:14

Cada año se lleva a cabo un rito poco común de penitencia los viernes santos en los pequeños pueblos agrícolas y las aldeas de pescadores de las Filipinas. Mientras los turistas y los periodistas observan, unos cuantos hombres filipinos, en un intento de identificarse en lo personal con el sufrimiento y la crucifixión de Cristo, se azotan a sí mismos en las calles y, luego, los crucifican en cruces de madera. Un hombre de cuarenta y tres años, dueño de una pescadería, ha pasado trece veces por este ritual... y promete hacerlo dos veces más.

La crucifixión propia ha sido uno de los fenómenos de los que más se ha abusado en el cristianismo. Mucha gente, tal vez malinterpretando la declaración de Pablo en Gálatas 5:24 que dice que «los que son de Cristo Jesús han crucificado la naturaleza pecaminosa, con sus pasiones y deseos», se han azotado, han lastimado su cuero cabelludo con burdas coronas de espinas e incluso se han dejado clavar en una cruz en un viernes santo. Otros se han privado del alimento o aislado en las torres de los monasterios, todo en un intento de «crucificar» la naturaleza pecaminosa. Sin embargo, Dios no se proponía esto cuando nos dijo que debíamos estar crucificados con Cristo.

La muerte a nuestros propios esfuerzos

Fíjate que cuando Pablo declara que ha sido «crucificado con Cristo» (Gálatas 2:20), no está dando *comienzo* al rito de la crucifixión propia, sino *recibiéndola*. «Yo, por mi parte, mediante la ley he muerto a la ley, a fin de vivir para Dios» (v. 19). Es una acción en tiempo pasado: A Cristo lo crucificaron en el pasado y Pablo se identifica con lo que ya sucedió. Cuando nos crucificamos, lo que hacemos en realidad es identificarnos con Cristo y hacemos morir los deseos mundanos ante los ojos de Dios. En este acto, estamos crucificados con Cristo y nuestros deseos terrenales ya no tienen cabida. Al igual que Pablo, queremos ponerle fin al pecado en nuestra vida.

La *oración de crucifixión* es más un asunto de rendirnos a Dios que de tratar al pecado con agresión. Se trata más de recibir el poder de Cristo que de buscar aplastar los deseos pecaminosos del corazón. Se trata de rendirnos a Jesús y aceptar su vida a cambio de nuestro pecado y no de buscar redención por nuestros propios esfuerzos. Jesús les dijo a sus seguidores que tomaran su cruz cada día y lo siguieran (lee Lucas 9:23). Así, al hacer la oración de crucifixión, tomamos todo lo que simboliza la cruz: humillación, degradación y muerte, y nos identificamos con el dolor y los juicios de Cristo.

Jesús dijo: «Porque el que quiera salvar su vida, la perderá; pero el que pierda su vida por mi causa, la salvará» (Lucas 9:24). En la oración de crucifixión, «perdemos» nuestra vida al renunciar a nuestros deseos terrenales y buscar lo que desea Jesús. Al igual que Pablo, luchamos por no «gloriarnos» en nada, sino en la cruz de Cristo (Gálatas 6:14, RV-60). Rendimos nuestro ego y nuestra imagen a Dios.

Cuando hacemos la oración de crucifixión, nos rendimos por completo... nos abandonamos por completo... y nos presentamos delante de Dios tal como somos. Dejamos de preocuparnos por lo que el mundo piense de nosotros y nos enfocamos en lo que Jesús piensa de nosotros y en lo que nosotros pensamos de Jesús. Crucificarnos con Cristo no significa que desempeñemos un papel ni que procuremos hacer algo notable que pruebe nuestra sinceridad. Significa que nos entregamos por completo a Dios y permitimos que Jesús obre en nosotros... dejando que Cristo «desempeñe» su papel en nuestra vida.

La muerte a nuestros deseos terrenales

Es sorprendente cómo las opiniones de otros controlan nuestra vida. Todos queremos ser importantes a los ojos de nuestros amigos a fin de ganar su amor y aceptación. A lo largo del día, nos tomamos el trabajo de representar varios papeles y causar una buena impresión porque tememos que si la gente ve quienes somos en realidad, no estará del lado nuestro. La oración de crucifixión trae libertad. Enterramos el parloteo de otra gente y ya no prestamos atención a lo que nos dicen, ni nos preocupa parecer buenos ante sus ojos. Escuchamos la voz de Dios y procuramos encontrar a Jesús en cada aspecto de nuestra vida. Llegamos a ser como Juan el Bautista y, en completa humildad, decimos: «A él le toca crecer, y a mí menguar» (Juan 3:30).

La oración de crucifixión libera nuestros impulsos internos hacia las posesiones, el poder, la gloria o el éxito. Cuando permitimos la crucifixión, tomamos nuestros deseos egoístas y dejamos que mueran en la cruz. Ya no tenemos que ganar siempre en la vida: aprendemos que perder por causa de Dios es mucho más satisfactorio que ganar en el mundo. Porque cuando perdemos por causa de Dios, al final ganamos lo más importante en la vida: ¡la voluntad de Dios!

Una vez remé en el río Mississippi cerca de St. Louis, Missouri, con un amigo en una canoa a vela. La corriente era muy fuerte y aunque los dos remábamos lo más fuerte que podíamos, poco avanzamos contra las aguas impetuosas. Sin embargo, un trozo de vela flexible fue determinante. Cuando izamos la vela, el viento la sacudió y la canoa surcó por la corriente como si en realidad esta no existiera. Lo mismo sucede con nuestras oraciones de crucifixión. Morimos a nuestras propias fuerzas y hallamos más fuerzas. Morimos a la propia ambición y hallamos una razón mayor para vivir. Morimos a nuestros esfuerzos contra el pecado y nos rendimos al viento poderoso del Espíritu Santo que nos lleva hacia delante.

La muerte a nuestro sentido de importancia

Piensa lo que pasaría si murieras hoy. Esto es algo serio porque casi todos nosotros somos el centro de nuestro universo y no cabe en nuestra imaginación cómo sería la vida sin nuestra presencia. Sin embargo, la vida seguía como de costumbre antes de que naciéramos y seguirá cuando ya no estemos. Así que, reconozcámoslo: no somos necesarios en esta vida. No obstante, cuando *aprendamos* a morir, seremos mucho más importantes para Dios.

Mi amigo Clyde Parker, pastor de la iglesia *First Wesleyan* en Highpoint, Carolina del Norte, me dijo en un desayuno que tuvimos en 1985: «Creo que mi trabajo en esta iglesia está llegando a su fin. Estoy buscando otro lugar en el ministerio». Poco podía imaginarme que al siguiente día, Clyde moriría en un accidente de avión. La gran iglesia de Clyde, el dinámico alcance misionero y su familia giraban en torno a él. Estaban destrozados e inseguros de cómo seguirían adelante.

La mañana después del fallecimiento de Clyde en el accidente, me sentí obligado a llamar por teléfono a su esposa, Ernestine, y decirle: «Esta mañana salió el sol, Ernestine, y la vida sigue. Tú también debes seguir». Poco sabía que casi veinte años más tarde, Ernestine me diría las mismas palabras cuando mi hijo, un profesor de la universidad *Liberty*, de cuarenta y cinco años, murió en un accidente automovilístico. Tal como Clyde, un gran ministerio giraba a su alrededor y nuestra familia estaba destrozada. Era difícil imaginar cómo seguiríamos adelante sin él. Sin embargo, el día después de su funeral, alrededor de las seis de la mañana, Ernestine me llamó para decirme: «Dr. Towns, esta mañana salió el sol. La vida sigue y usted también debe seguir adelante».

Necesitamos hacernos morir y darnos cuenta del poco significado que tenemos en esta vida, pero lo importantes que somos para Dios. Dios nos ama y tiene un plan para nuestra vida. Cuando encontramos el plan de Dios y lo hacemos, colocamos a Dios en el centro de nuestra vida. ¿Y no es ese el lugar en el que debería estar?

Crucificarnos con Cristo implica un acto de *humildad* de nuestra parte. La palabra «humildad» es interesante. Esta palabra se formó a partir del latín *humus* que significa «de la tierra». Humus es un tipo de tierra orgánica fértil que se forma de la descomposición parcial de materia animal o vegetal. Piensa en esto por un momento: la tierra fértil que se necesita para que nazca y crezca la vida viene de la muerte de otra materia. Cuando nos humillamos delante de Dios mediante la oración de crucifixión, el corazón se convierte en una tierra fértil para el crecimiento espiritual (lee Santiago 4:10).

Planta la semilla

Entonces, ¿cómo hacemos una oración de crucifixión? Repito, considera la palabra «humildad». La humildad es el acto de ser humilde. El *Diccionario de la Lengua Española* la define como «virtud que consiste en el conocimiento de las propias limitaciones y debilidades y en obrar de acuerdo con este conocimiento [...] Sumisión, rendimiento»[1]. La humildad (*humus*) es en nuestra vida lo que es la oración en la relación con Dios. Cuando nuestro rostro está cerca de la tierra, dejamos de tener un concepto más elevado de nosotros que el que debemos tener (lee Romanos 12:3) y damos vida a otros.

¿Acaso nuestra vida representa una *semilla* que puede plantarse para que crezca y dé frutos para otras personas?

¿Estamos dispuestos a recibir la lluvia (energía) de Dios? En la parábola del sembrador, Jesús dijo: «Pero el que recibió la semilla que cayó en buen terreno es el que oye la palabra y la entiende. Éste sí produce una cosecha al treinta, al sesenta y hasta al ciento por uno» (Mateo 13:23). La fertilidad de la tierra, la abundancia de la lluvia y la energía del sol serán factores determinantes en la clase de fruto que dará la semilla en tu vida. Sin embargo, ese fruto solo viene a través del *humus* o la humildad.

El intento por recibir humildad es como el intento por forzarnos a dormir... no se logra cuando lo pensamos. Mientras más arrogantes seamos y más le exijamos a Dios que nos dé humildad, es menos probable que la recibamos y es más probable que nos convirtamos en personas menos espirituales. No obstante, aunque exijamos humildad, hay ciertas cosas que podemos hacer para aumentar la probabilidad de recibir humildad de parte de Dios. Una de esas cosas es confesarle nuestros pecados a alguien. Otro método es servir a otra persona, en especial a una que no sea de nuestro agrado.

Mi amigo Steve Sjogren, ex pastor de la iglesia *Vineyard Community* en Cincinnati, Ohio, demuestra el amor de Dios en lo que llama *evangelización mediante el servicio*. Sostiene que las pequeñas cosas con mucho amor cambiarán al mundo y cada día se encarga de practicar esta creencia.

Mientras algunas iglesias organizan a la gente para que vayan de dos en dos para hablar del evangelio y testificar casa por casa, Steve organizaba a su gente para ir y realizar tareas sencillas que demostraran el amor de Dios en la comunidad. Ya sea limpiando la casa de una mamá soltera, cortando el césped de un anciano o cualquier otra tarea, Steve le enseñaba a su congregación a demostrar el amor en las pequeñas cosas.

En algunas ocasiones, el pastor Sjogren y su equipo iban al encargado de una estación de servicio y le preguntaban: «¿Podemos limpiar los baños como una manera práctica de mostrarle el amor de Dios?». Si alguna vez ha limpiado un inodoro (y estoy seguro de que lo ha hecho), sabe lo desagradable que es. Imagínate ofrecerse de buena gana a limpiar el baño de una estación de servicio. Es un verdadero acto de amor.

Muchas personas no entendían lo que Steve hacía ni el propósito que se esperaba alcanzar. Sin embargo, Steve encontró que la evangelización mediante el servicio abría las puertas del corazón de la gente de modo que pudieran sembrar la semilla del amor de Cristo. Las personas que nunca se sentarían a escuchar el mensaje del evangelio, le abrían su corazón a Steve mediante el servicio práctico que realizaba la congregación[2].

Si no crees que limpiar un baño puede volverte humilde, inténtalo. Limpiar baños pone clavos en la cruz de la crucifixión propia.

Alejado del primer plano

En definitiva, crucificarnos con Cristo no llamará mucho la atención. Es muy probable que no haya un grupo de turistas ni periodistas registrando nuestros actos de humildad y de crucifixión. Esto no desata los mismos rumores que actos exagerados (y equivocados), como los que desencadena que alguien se clave a una cruz.

Sin duda, habrá actos importantes de crucifixión propia, como cuando un estudiante cristiano rompe con su novia porque ella no conoce al Señor, o como cuando un creyente rechaza una oferta de trabajo excepcional porque compromete su andar con Dios, o cuando una cristiana le da a la iglesia el dinero que estuvo ahorrando para comprar un auto nuevo porque percibió una necesidad.

Sin embargo, lo más probable es que la oración de crucifixión se manifieste en pequeñas cosas a medida que, de nuestra propia voluntad, entreguemos poco a poco cada día nuestra vida a Dios. Con frecuencia, estas pequeñas e irreconocibles victorias sobre la autocomplacencia y el desarrollo propio serán imperceptibles, pero nos conducirán al mayor crecimiento espiritual en nuestra vida que hayamos alcanzado jamás.

TU TAREA

Pídele a Dios que abra tus ojos espirituales. El tema de la crucifixión propia quizá sea nuevo para ti. El primer paso será pedirle a Dios que abra tus ojos espirituales de modo que puedas entender la naturaleza bíblica de este asunto. En concreto, deberías pedirle a Dios que te muestre: (1) lo que es crucificarse a uno mismo; (2) lo que se logra; y (3) cómo se hace realidad.

Estudia versículos que hablen de la crucifixión propia. Utiliza una concordancia para buscar versículos que contengan las palabras: «crucificar», «crucifixión» y «cruz». Al leerlos, fíjate en las acciones que sucedieron en el pasado y lo que se demanda en el presente. También fíjate en las acciones que son posicionales; es decir, las acciones que se refieren al cielo comparado con las que ocurren en la vida presente.

Entrégale esferas de tu vida a Dios. Comienza elaborando una lista de los aspectos de tu vida que necesitas someter (o «crucificar») a Dios. Una vez hecho esto, sométela de manera activa a Dios. Esto es más fácil decirlo que hacerlo. Lo más probable es que tengas que luchar sin cesar para poder entregar algunos aspectos a Dios.

Comienza una lucha constante de intercesión. Intenta comprometer cada día en oración las cosas que parecen tener un mayor control sobre tu vida. A veces estos asuntos no pueden crucificarse a Cristo en un solo acto de entrega.

Notas

1. *Diccionario de la Lengua Española*, vigésima segunda edición, Real Academia Española, Espasa Calpe, S.A., edición electrónica, versión 1.0, 2003, bajo la palabra «humildad».
2. Steve Sjogren, *Community of Kindness*, Regal Books, Ventura, CA, 2003, s. p.

CAPÍTULO VEINTISIETE

El poder transformador de la oración

Ahora bien, sabemos que Dios dispone todas las cosas para el bien de quienes lo aman, los que han sido llamados de acuerdo con su propósito [...] a ser transformados según la imagen de su Hijo.

ROMANOS 8:28-29

Entonces, ¿cuál es el propósito de la oración? A lo largo de este libro hemos considerado distintos aspectos de la oración y cómo debemos acercarnos al trono de Dios con nuestras peticiones y nuestra alabanza. Sin embargo, en esencia, el propósito de la oración, más allá de las diversas formas que tome y las situaciones en que surja, es establecer y mantener una relación con Dios. Cuando nuestra relación con Dios se profundiza más y se convierte en parte de nuestra vida diaria, produce cambios en nosotros y estamos más cerca de la semejanza de su Hijo Jesucristo. La oración que cambia vidas es el fundamento de una relación de oración con Dios.

En Romanos 8:28, Pablo declara que todas las cosas ayudan a bien a los que conocen a Dios y a los llamados conforme a su propósito. ¿Cuál es el propósito de Dios para nuestra vida? Que seamos «transformados según la imagen de su Hijo» (Romanos 8:29). Claro, ¡la mayoría de nosotros diría que no nos parecemos en nada a Jesús! Así que la pregunta no es cuánto no hemos alcanzado, sino qué cosas en nuestra vida necesitan tomar la forma de Jesús. La respuesta se halla en nuestra vida de oración. A medida que entramos en una relación de oración con Dios, Él nos muestra dónde hemos fallado y nos dice lo que debemos hacer para corregir ese déficit.

Prepárate para un cambio

Cuando establecemos un tiempo de oración diario y procuramos entrar en una relación con el Señor, necesitamos estar listos y dispuestos a que Dios haga cambios en nuestra vida. Necesitamos abrir el corazón al poder transformador de Dios y desear con diligencia seguir su voluntad. Necesitamos quitar de manera consciente el enfoque de nosotros mismos y luchar para seguir el ejemplo que Cristo nos dejó en las Escrituras. Necesitamos recordar que el propósito principal de la oración no es satisfacer necesidades, ni cambiar circunstancias, sino alcanzar el sublime objetivo de transformar nuestra vida a la semejanza de Cristo.

A menudo, las personas no experimentan el poder transformador de la oración porque elaboran un programa de oración. Hacen una lista y después oran de manera sistemática por cada uno de esos motivos, pero no permiten que la oración los *transforme*... sino que se trata solo de una rutina a seguir. Otros pasan todo el tiempo de oración haciendo peticiones, y cuando Dios responde, consiguen lo que quieren y no permiten que la experiencia produzca cambios profundos en sus vidas. Algunos oran por victoria, y cuando obtienen la conquista, su ego se reafirma... la oración cambió solo las circunstancias externas, pero no la vida interna. Para que nuestra relación con Dios crezca y madure, necesitamos buscar el poder transformador de Dios.

Cada vez que experimentemos la realidad de Dios, nuestra vida *cambiará* porque no podemos tener un encuentro cara a cara con Dios sin sufrir alguna transformación. Al contemplar la santidad de Dios, nos damos cuenta de cuánto pecado tenemos en nuestra vida y surge en nosotros el deseo de cambiar. Cuando nos rodean los brazos de amor del Padre y reconocemos nuestro egoísmo, la incomodidad nos llevará a querer cambiar nuestra vida.

Desde luego, para que suceda esta transformación, se requiere humildad y sumisión a la perfecta voluntad de Dios. ¿Alguna vez has luchado contra la voluntad de Dios? Si dices que no, es evidente que no eres sincero contigo mismo. La Palabra de Dios nos enseña a ser humildes, pero nos dejamos guiar por el egoísmo. La Palabra de Dios nos enseña a ser santos, pero la vieja naturaleza nos tienta a cada momento. La Palabra de Dios nos enseña que debemos darle el primer lugar a Jesús, pero siempre se oye el grito de la naturaleza egoísta que dice: «¡Primero yo!». Sin embargo, cuando somos sinceros y nos comunicamos con Dios, también con sinceridad podemos hacerle frente a nuestra propia naturaleza egoísta. Esta visión de la vida llevada por el egoísmo debería inquietarnos tanto que tendríamos que cambiar o dejar de orar.

Si no permitimos que la oración nos cambie, las oraciones futuras tendrán un alcance limitado. *La oración debe cambiarnos antes de que pueda cambiar nuestras circunstancias.* Esto no significa que no podamos recibir respuestas a nuestras oraciones, sino que las oraciones motivadas por deseos egoístas pueden limitar seriamente la abundancia de Dios. Cuando nos negamos a cambiar, Él no puede transformarnos en las personas que Él quiere que seamos. Dios puede y seguirá obrando en nuestra vida, pero si no nos sometemos a Dios ni permitimos que la oración nos transforme, no se desarrollará nuestra relación con el Padre celestial.

El poder del amor de Dios

Entonces, ¿cómo permitimos que Dios transforme nuestra vida? Bueno, al acercarnos a su presencia, lo primero que debemos hacer es ser sumisos a Dios y a lo que Él quiere que hagamos. Necesitamos darnos cuenta de que así como un mecánico utiliza herramientas para arreglar un automóvil, la oración es la herramienta de Dios para arreglar nuestra vida. A veces el cambio puede ser inmediato y dramático, pero lo más probable es que Dios utilice la oración para que poco a poco seamos más semejantes a Cristo.

Necesitamos que la oración sea una disciplina personal que nos transforme en un consagrado discípulo de Jesucristo. Cuando nuestras oraciones sean buenas, seremos buenos seguidores de Jesús. Por lo tanto, si no oramos (o rara vez lo hacemos), nos resultará difícil seguir a Cristo en la vida diaria. Por eso es imprescindible que aprendamos la *disciplina de la oración*. Si no hemos aprendido la disciplina de la oración, es probable que no hayamos aprendido a pensar, a sentir, ni a actuar como Jesús.

Además, necesitamos permitir que el *amor de Dios* venga a nuestra vida y produzca cambios en nosotros de modo que podamos mostrarles ese amor a los que nos rodean. Jesús declaró que el mayor mandamiento es «ama al Señor tu Dios con todo tu corazón, con todo tu ser y con toda tu mente» (Mateo 22:37). A esto, Jesús le agregó otro mandamiento: «Ama a tu prójimo como a ti mismo» (v. 39).

La oración comienza con enfocarnos en Dios, lo que nos conduce a su presencia transformadora. A medida que entramos en la presencia de Dios, nos dirigimos a Él en adoración y recibimos su amor en nuestra vida. Sin embargo, ¡esto no termina aquí! Cuanto más experimentemos el amor transformador de Dios, más amorosos seremos y más desearemos demostrarles ese amor a otros.

La oración transformadora tiene que ver con el amor. Considera el ejemplo del apóstol Pedro. Después de la crucifixión de Jesús, Pedro regresó a las redes. Como muchas personas, para Pedro y los discípulos el trabajo era lo más importante. Pedro no podía sacar a las *redes* de su sistema: eran sus aparejos de trabajo. Cuando Jesús se les apareció a sus discípulos a la orilla del mar de Galilea, les dio la orden de arrojar las redes a la derecha de la barca para que pudieran pescar algo.

Después de la provisión sobrenatural para el desayuno de los discípulos, Jesús se dirigió a Pedro y le dijo: «Simón, hijo de Juan, ¿me amas más que *estos*?» (Juan 21:15, énfasis añadido). En griego, el contexto de esta frase sugiere que Jesús le preguntaba a Pedro si lo amaba más que a las redes. Además de esto, Jesús usó la palabra griega *agápe* para preguntar si Pedro tenía un amor sacrificial por Él. Todo lo que Pedro pudo responder fue: «Sí, Señor, tú sabes que te quiero» (v. 15), usando la palabra griega *filéo* para amor, lo que sería parecido a decir: «Sí, me caes bien».

Esa mañana, Jesús le preguntó a Pedro tres veces si lo amaba de manera profunda, usando dos veces la palabra *agápe* y la última usando la palabra *filéo*. Tal vez esto explique por qué Pedro, después del arresto de Jesús, lo negara tres veces (lee Juan 18:15-27). La tercera vez que Jesús le hizo esta pregunta, el pescador reincidente contestó: «Señor, tú lo sabes todo; tú sabes que te quiero» (Juan 21:17).

¿Ves la conversación que va y viene entre Pedro y Jesús? ¿No es esta conversación lo mismo que orar, nosotros hablando con Dios? ¿Y cuál fue el propósito de esta conversación? ¿No fue *transformar* a Pedro de un pescador retraído y desanimado en un discípulo consagrado? ¿No fue eso una *oración transformadora*?

¡Dejemos las redes!

No nos colguemos de las redes de nuestra vida. La cuestión principal es el *amor*. Jesús nos pregunta a cada uno de nosotros: «¿*Me* amas?». Y necesitamos recordar que amar a Dios sin amar al prójimo no es amor. Amar a Dios demanda necesariamente amar a las personas que vemos a diario. Amar a Dios no sirve si no amamos al prójimo.

Así que, al mirar el rostro de Dios, ¿vemos al vecino perdido... al vecino necesitado... al vecino que espera? Al ver el rostro de nuestros vecinos, ¿podemos ver la presencia de Dios que nos llama a ayudarlos? Tal como la oración transformadora nos atrae de manera vertical a ser como el Hijo de Dios, también nos atrae de forma horizontal hacia otras personas. No podemos retirarnos a nuestro caparazón y seguir a Cristo con obediencia. La oración transformadora nos saca fuera del caparazón en una intimidad vertical con Dios y en una intimidad horizontal con otros.

TU TAREA

Pídele a Dios que transforme tu vida con cada motivo diario de oración. Una de las mejores maneras de recibir el poder transformador de Dios en tu vida es siendo sinceros y pidiéndoselo a Dios. La sola oración por transformación no cambiará tu vida, pero es probable que nunca suceda a menos que pidas la transformación.

Estudia ejemplos bíblicos de personas transformadas. Busca en una concordancia la palabra «transformado» y, luego, estudia algunas de las situaciones de la Biblia que cambiaron a las personas. Hazte estas preguntas: (1) ¿Quién fue transformado? (2) ¿Cuándo sucedió esta transformación? (3) ¿Por qué ocurrió? Y, lo más importante, (4) ¿qué sucedió cuando la persona fue transformada?

Dile a Dios que lo amas. Piensa en todos los motivos por los que *ya* amas a Dios y entonces díselos en oración. Luego, piensa en todos los demás motivos por los que *deberías* amar a Dios (motivos que en tu vida no están en vigor). Mientras más ames a Dios y recibas su amor, más cambios habrá en tu vida.

Escribe un perfil de la clase de persona que te gustaría llegar a ser. Si piensas que tu vida no necesita cambios, no entendiste el mensaje de este libro. Escribe las actitudes que te gustaría tener, los puntos fuertes que te gustaría desarrollar y los dones espirituales que te gustaría utilizar. ¡Este perfil puede ser el comienzo de un viaje rumbo a una transformación espiritual!

glosario
LOS DIFERENTES MODELOS DE ORACIÓN

Modelos de oraciones	**Capítulos analizados**

ABANDONO, LAS ORACIONES DE **11**
Cuando no sabemos lo que Dios quiere hacer en una situación, así que le entregamos el resultado (y nos entregamos) a Él.

ADORACIÓN, LAS ORACIONES DE **6**
Cuando toda nuestra atención en la oración se concentra en adorar o magnificar a Dios.

ALABANZA, LAS ORACIONES DE **6**
Cuando nos centramos en Dios para alabarlo en oración por lo que Él es y ha hecho en nuestra vida.

ARREPENTIMIENTO IDENTIFICATIVO, LAS ORACIONES DE **15**
Las oraciones de nuestros espíritus atribulados, en las que decidimos lidiar con las transgresiones sin arrepentimiento de otros (incluyendo los pecados de generaciones pasadas) y aceptamos las consecuencias por esos pecados.

CAMINATAS DE ORACIÓN, LAS **7**
Cuando individuos o grupos de personas se reúnen para caminar juntos por sus vecindarios a fin de orar por la gente que vive allí: «Oración en un sitio con discernimiento».

COMPAÑERISMO, LAS ORACIONES DE **9**
Cuando nos unimos a otros para orar en unidad de espíritu (también conocida como «Las oraciones de comunión»).

COMPROMISO, LAS ORACIONES DE **10**
Cuando nos comprometemos sin reservas con las repuestas a nuestras oraciones.

Continuas, Las oraciones 19
Un estado en el que, mediante una relación íntima con Dios, permanecemos en continua comunión con Él a medida que avanzamos a través del día.

Crucifixión, Las oraciones de 26
Cuando nos arrepentimos y morimos a un pecado, actitud o práctica, y prometemos no hacerlo más.

Desamparo, Las oraciones de 11
La búsqueda de Dios en oración cuando pensamos que Él no escucha nuestras peticiones.

Descanso en la oración, El 21
La rendición sin resistirnos en oración a Dios mientras descansamos en el Señor.

Desesperación, Las oraciones de 12
Cuando necesitamos una respuesta inmediata de Dios porque hay una emergencia o un problema que amenaza la vida.

Escritas, Las oraciones 24
Cuando recitamos las oraciones de otros o escribimos lo que Dios nos ha puesto en el corazón.

Excursiones de oración, Las 7
Cuando un grupo de personas viaja a un lugar específico que tiene necesidad de oración.

Fe, Las oraciones de 4, 9, 10
Las oraciones con la firme convicción de que recibiremos las cosas que pedimos. A menudo esta confianza emerge cuando creemos que recibiremos lo que pedimos.

Geográficas, Las oraciones 7
La oración en lugares donde sentimos la presencia de Dios o en los que en el pasado recibimos respuesta.

Guerra, Las oraciones de 18
La lucha contra las influencias del mal a través de la oración, a fin de que Dios pueda darnos la victoria.

Hambre, Las oraciones de 12
Oraciones en las que procuramos con vehemencia disfrutar de la presencia de Dios.

Petición, Las oraciones de..4, 10
Cuando hacemos una petición a Dios y Él responde de manera específica nuestro ruego.

Prevalecen, Las oraciones que..13
La intercesión en oración por la salvación de otros.

Quebrantamiento, Las oraciones de 5
Cuando estamos convencidos de nuestro pecado y nos disgustamos de manera emocional mientras oramos.

Redentoras, Las oraciones 9
La intercesión en oración por la salvación de otros.

Sanidad, Las oraciones de...16
Oraciones de fe que levantan al enfermo y restauran la salud.

Solitarias, Las oraciones 9
La oración de manera individual a fin de que Dios supla nuestras necesidades.

Transformadoras, Las oraciones 27
Cuando abrimos el corazón al poder de Dios y permitimos que Él transforme nuestra vida a la semejanza de Cristo.

Triviales, Las oraciones por los detalles 19
Oraciones hasta por las pequeñas cosas de la vida.

Viajes de oración, Los..7
Cuando las personas caminan de un lugar a otro mientras oran por necesidades específicas de los que se encuentren a lo largo del camino.

Victoria, Las oraciones de...17
Cuando reclamamos el triunfo de Dios sobre cualquier conflicto interno o externo.

Votos en oración, Los 22
Cuando nos comprometemos a ser fieles a Dios sin importar lo que venga a nuestro camino.

Para más información acerca de la oración, visita:

www.elmertowns.com

Otros libros en español
por Elmer L. Towns

Abriendo una brecha espiritual por medio del ayuno
Una guía de nueve ayunos bíblicos

La Escuela Dominical dinámica
Los principios bíblicos que apoyan la existencia y el ministerio de la Escuela Dominical

Guía básica para el ayuno
Consejos prácticos para el ayuno de éxito

Liberación financiera a través del ayuno
Una guía para revelar el plan perfecto de Dios para tus finanzas